Jesus

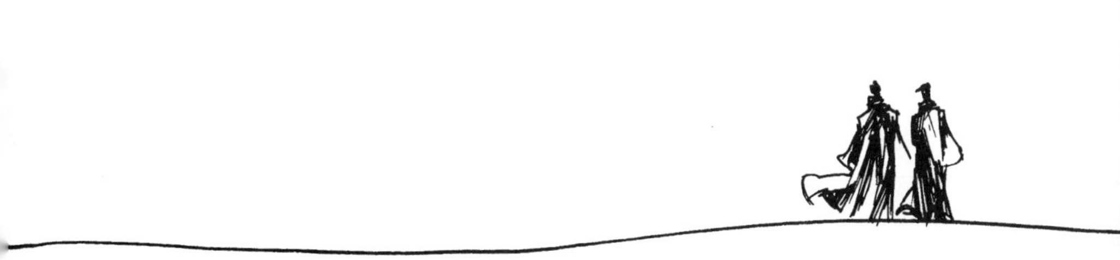

Über den Autor

Siku – Künstler, Theologe und Musiker – gehört zu Englands führenden Comicschaffenden und Konzeptualisten. Für *2000AD* arbeitete er an *Judge Dredd* und *Slaine* und an einer Serie namens *Pan-African Judges*. Außerdem war er für Marvel UK und Com X tätig und an einer Reihe von Computerspielen wie *Evil Genius* beteiligt. In letzter Zeit entwickelte er Konzepte für Fernsehwerbespots und arbeitete freiberuflich für Nike, Nickelodeon IP, eine Doku-Drama-Serie der BBC und eine TV-Zeichentrickserie.

Sikus Arbeiten erscheinen in verschiedenen Büchern wie *Images 22: The best of British Illustration* und *Digital Art Masters* und sind vertreten in Dez Skinns *Comic Art Now* (ein Kompendium der gegenwärtigen internationalen Comicszene; auf Deutsch erschienen im Knesebeck Verlag). Er trat auch im Fernsehen auf und führte Interviews für ITVs *The London Programme*, Channel 4s *The Big Breakfast*, Channel 5s *Chris Moyles Show* und BBC *Ones Heaven and Earth Show*. Außerdem hat er Editorials für Magazine und Branchenbücher wie *The Art of Game Worlds* geschrieben.

Siku ist der Bestsellerautor und Schöpfer von *The Manga Bible*, die in vierzehn Sprachen übersetzt wurde. Gegenwärtig arbeitet er an einer Vielzahl künstlerischer Projekte.

Siku ist mit Bell verheiratet und lebt mit seiner jungen Familie in Essex.

JESUS

DIE GANZE GESCHICHTE

siku

ehapa COMIC COLLECTION EGMONT

„Jesus" von Siku
Aus dem Englischen von Frank Neubauer
Originaltitel: „The Manga Jesus Complete"

Originalausgabe:
The Manga Jesus Complete

erschienen bei Hodder & Stoughton Ltd., London

Deutschsprachige Ausgabe:

verlegt durch EGMONT Verlagsgesellschaften mbH,
Gertrudenstraße 30-36, 50667 Köln

1. Auflage 2011
Programmleitung und verantwortlich für diese Ausgabe: Alexandra Germann
Redaktion: Christopher Willmann
Textbearbeitung: Etsche Hoffmann-Mahler
Lettering: Gross & Dinter
Gestaltung: Wolfgang Berger
Koordination: Nadin Stein-Kreisel
Buchherstellung: Elisabeth Hardenbicker
Druck und Verarbeitung: GGP Media GmbH, Pößneck
ISBN 978-3-7704-3406-0

www.ehapa-comic-collection.de

Inhalt

Danksagungen

Dank an Dr. Conrad Gempf von der London School of Theology für seine kenntnisreiche und kluge Beratung bei diesem Projekt.

Viele Grüße an meinen früheren Rektor Dr. Derek Tidball für seine Unterstützung und seine aufrichtige Begeisterung. Bei einem unserer Gespräche wurde ich von ihm umarmt.

Meinem Agenten Ed Chatelier von The Edge Group für seine Energie.

Meinen zwei Redakteuren bei diesem Projekt, David Moloney und Ian Metcalfe.

Und schließlich meiner lieben Frau, die dafür sorgte, dass ich bei diesem Projekt Mensch blieb.

Dieses Buch ist Jesus Christus gewidmet, unserem Herrn und Erlöser.
Ich liebe dich, Herr!

Vorwort

Ding, ding, ding! Jesus ... Fiktion ... Graphic Novel ... Superheld. Alarmglocken!

Ich bin Historiker. Meine Dissertation verglich die Schriften des Heiligen Lukas mit denen der besten griechischen und römischen Historiker. Dieses Projekt ließ zwanzig verschiedene Warnlampen in meinem Kopf aufblinken.

Okay, ich kenne Siku. Er machte seinen Abschluss an der London School of Theology, früher bekannt als London Bible College, wo ich arbeite. Er war ein guter Student. Ich arbeitete mit ihm an dem neutestamentarischen Teil der *Manga Bibel*, die den Text der Heiligen Schrift wie ein Manga illustriert. Sie ist ganz ausgezeichnet.

Aber das?! Lücken auszufüllen, die die Bibel freilässt? Ein Medium zu verwenden, das wir mit absurden und gewalttätigen Fantasien gleichsetzen, um darzustellen, was ich für Wahrheit halte? Ding, ding, ding!

Ich war als „theologischen Berater" vorgesehen. Hmmm. Dachte, ich müsste Nein sagen. Dankbar ablehnen. Das könnte zu weit gehen.

Dann sah ich das Material. Wow! Er hat seine Hausaufgaben gemacht!
Er kennt die alten Quellen; er hat Respekt vor der alten Kultur. Wow!

Dann sah ich die Zeichnungen. Wow! Er hat Johannes den Täufer voll getroffen; sein „Lücken füllen" ist eher hilfreich als verwirrend. Und, tut mir leid, für mich ist das der Tempel.

Und dann, jenseits von wow! Dieses Werk ist nicht nur erfüllt von Wissen über die alte Welt. Es ist auch deutlich erfüllt von Verständnis für die Figuren und besser noch, erfüllt von der Liebe für die Heilige Schrift und den Herrn.

Man betrachtet diese Seiten – oder blättert sie um – und ein Mann schiebt die Kapuze von seinem Kopf und sieht einen an. Ein schiefes Lächeln. Und mit dem Anflug eines Funkeln in seinen Augen sagt er zu einem – zu Dir –:
„Oh, übrigens... Man nennt mich Jesus."

Schluck.

Ja, okay, vielleicht schien ein Manga unangemessen. Ein weltliches Medium. Ein irdisches Gefäß. Genau wie wir alle.

Keine Alarmglocken mehr; gebt Entwarnung. Für viele Menschen in der heutigen Zeit – alles kein Problem.

Dr. Conrad Gempf, London School of Theology

Einleitung

Die Bibel war ein riesiger Erfolg gewesen – aber ich spürte, es gab noch etwas zu erledigen. Das ganze Buch umfasste nur 200 Seiten, von denen wir nur eine Seite dem Buch Hiob widmeten, vier Seiten der Offenbarung und dreißig Seiten Jesus. Wir fassten uns kurz, um die Bibel der Frau und dem Mann auf der Straße leichter zugänglich zu machen. Aber wir wollten auch zeigen, wozu wir wirklich imstande sind. Wie wäre es für den Anfang mit dem Zehnfachen über Jesus? Also beschlossen meine Verleger und ich, ein 300-seitiges Buch zu veröffentlichen. Für mich war dies die größte Aufgabe von allen. Von allen Helden in sämtlichen Genres – vom Film noir zur Science-Fiction, von der Romantik zur Fantasy, in allen Kulturen und Zivilisationen – wenn ich ein Buch über das Leben eines Helden schreiben musste, dann über das von Jesus Christus.

Im Dezember 2007 fingen wir mit der Arbeit an. Ich begann meine Nachforschungen in der Bibliothek der theologischen Hochschule, wo mein alter Rektor Dr. Derek Tidball mich entdeckte und witzelte, dass er mich als Hochschulabsolventen häufiger gesehen hätte als während meines dreijährigen Studiums. Zu diesem Zeitpunkt waren wir übereingekommen, Jesus in seiner historischen Umgebung anzusiedeln. Zuvor wollten wir ihn ins All schießen! Ich hatte eine dreiteilige Geschichte zusammengestellt, die in drei verschiedenen Genres spielte, eines davon war eine Weltraumoper (wie *Star Wars*). Aber die Vernunft siegte!

Auf das nächste Problem waren wir auch bei der *Bibel* gestoßen – wie bringt man die vier Evangelien der Bibel in Einklang. Dies war eine der größten Anforderungen der Bibel gewesen, aber da wir nur dreißig Seiten für Jesus' Geschichte hatten, hielten sich die Probleme in Grenzen. Nun lag ein 300-seitiges Epos vor uns und die Aufgabe ließ wenig Gutes erahnen. Außerdem stand ich vor der Herausforderung, einige der historischen Lücken zu schließen, welche die Autoren der Evangelien ausgelassen hatten. Dies war wichtig, um eine stärkere und glaubwürdigere Botschaft zu verkünden.

Ich musste mir vorsichtig einen Weg durch die Bücher alter und neuer Historiker bahnen, von denen viele einander widersprachen, und einige von ihnen – besonders die Historiker des Altertums – waren gelinde gesagt übereifrig! Viel von dem, was ich entdeckte und entwickelte, liegt hier vor Dir.

Die Evangelien, basierend auf den jüngsten Forschungen, in einen historischen Kontext zu setzen, war in Graphic Novels längst überfällig. Aber – wahnsinnig wie ich bin – musste ich einen Schritt weiter gehen. Ich musste einen glaubwürdigen Erste-Jahrhundert-Kontext schaffen.

Kontext!

Erinnerst Du Dich an diese alten Bibelfilme mit „Ihr" und „Euch" und „gehet hin"? Sie sollten uns das Gefühl geben, wir sähen etwas Authentisches, dabei sahen wir in Wahrheit nur weiße, Deutsch sprechende Männer sich wie weiße, Deutsch sprechende Männer vor 300 Jahren benehmen! Jene, die *Die Bibel* als zu umgangssprachlich (zu vulgär) kritisierten, verstehen nicht, dass wir durch den lockeren Umgang mit Sprache einen besseren Eindruck davon vermitteln wollten, wie sich die Leute damals wirklich miteinander unterhielten. Die Menschen waren energisch und ausdrucksvoll und leidenschaftlich.

Also wirst Du mir wohl verzeihen, dass sich meine Charaktere in diesem neuen Band nicht benehmen wie weiße, Deutsch sprechende Männer. Sie sind keine vornehmen Figuren aus einem Jane-Austen-Roman, darum bemüht, ihre Emotionen im Zaum zu halten, bis sie aus ihnen herausplatzen. Die Petrus-Figur in dieser Geschichte ist unbeherrscht. Die Spannung unter den zwölf Jüngern von Jesus entlädt sich schnell in einem offenen Streit. Jesus' Liebe zu Gott ist grenzenlos. Die Flammen der Revolution haben Galiläa erfasst und Johannes der Täufer gibt sein Bestes, um herauszufinden, wie beleidigend er sein kann, ohne zu sündigen.

Aber in *Jesus* geht es nicht nur um explosive Auseinandersetzungen. Ein Großteil des Lebens im ersten Jahrhundert ähnelt unserem eigenen, zum Beispiel die Häuser- und Landenteignungen, die zu jener Zeit stattfanden. Der Anbau von Feldfrüchten für den Export hatte zur Folge, dass sich Menschen kein Essen leisten konnten. So wie wir uns mit inflationären Preisen konfrontiert sehen, (zum Teil) aufgrund des Anbaus von Feldfrüchten für Biotreibstoffe. So wurde ihr Land benutzt, um Feldfrüchte wie Baumwolle anzubauen statt Nahrung. Unzählige Menschen, die an Lepra, Blindheit, Invalidität und anderen Krankheiten leiden, gibt es nicht nur in der Antike. Sie existieren auch in unserer Zeit.

Dies sind die Menschen, denen Du in diesem Buch begegnen wirst. Schläger, Diebe und Halsabschneider, Prostituierte und Kollaborateure, sie alle folgten dem Ruf des großartigsten Menschen, der jemals lebte.

Ich hoffe, Du findest Gefallen an *Jesus*.
Siku

Siku

„MAN SAGT, NICHTS GUTES KOMMT AUS GALILÄA…“

„ES IST WAHR."

Jesus
Prolog: Nichts Gutes
kommt aus Galiläa

FÜNF WOCHEN ZUVOR, DER TEMPELBERG, JERUSALEM...
ERKLÄRT SIE ZU MÄRTYRERN!
MAKKABÄUS!
HERODES ARCHELAOS SOLL SIE ZU MÄRTYRERN ERKLÄREN!
MAKKABÄUS!
JUDAS UND MATTATIAS MAKKABÄUS SIND HELDEN, KEINE VERBRECHER!
SIE WAREN FREUNDE GOTTES!
SIE STARBEN NICHT UMSONST. WIR WOLLEN IHRER GEDENKEN!

ICH HABE NICHT DIE BRUTALE HERRSCHAFT MEINES VATERS ÜBERLEBT, NUR UM DURCH DIE HÄNDE DIESER PHARISÄISCHEN SCHMAROTZER ZU STÜRZEN!
ICH VERSPRACH IHNEN, DIE MAKKABÄER ZU MÄRTYRERN ZU ERKLÄREN, SOBALD MEINE ERNENNUNG DURCH ROM BESTÄTIGT IST.
SIE GLAUBEN, SIE KÖNNTEN DIE **KRONE** KONTROLLIEREN, JETZT WO **HERODES DER GROSSE** TOT IST. SIE HALTEN MICH FÜR EIN KIND! ICH WERDE IHNEN ZEIGEN, DASS DER APFEL NICHT WEIT VOM STAMM FÄLLT…
MEIN FÜRST **HERODES ARCHELAOS.** DER PÖBEL PROBT DEN AUFSTAND!
DIE **MAKKABÄUS-BRÜDER** SOLLEN ZU HELDEN ERKLÄRT WERDEN? HAUPTMANN DER WACHE! HEUTE FOLGEN DIESE PILGER IHREN HELDEN INS **GRAB!**
ES IST PASCHAFEST! IHR WISST, WAS DAS HEISST… DAS WIRD EIN **SCHLACHTFEST!**
ÄRGER!
WAS, ZUM…
SEHT! OH MEIN *!&%!
SIEHT AUS, ALS HABE HERODES SEIN HEER AUSGESCHICKT.

HAAAA!
SHOOSH!
AAAAAARRRRGH
ES IST VOLLBRACHT, MEIN FÜRST.
GUT. NUN GEHEN WIR NACH ROM.
„NIEMAND WIRD MEINE KRÖNUNG STÖREN."

EIN GEHEIMES RÄUBERVERSTECK IN DEN HÜGELN NAHE SEPPHORIS, GALILÄA…
VERGELTUNG!
TOD DEN RÖMERN!
RUNTER MIT HERODES ARCHELAOS' KOPF!
REVOLUTION!
TOD ALLEN HERODIANERN!
HÖRT ZU, LEUTE!
MEIN VATER HISKIJA, DER ANFÜHRER DER DIEBE, WURDE IN DIESEN HÜGELN VON HERODES DEM GROSSEN GETÖTET. ES IST ANGEMESSEN, DASS ICH SEINEN TOD RÄCHE, INDEM ICH SEINEM SOHN ARCHELAOS DEN KOPF ABSCHLAGE.
WIE SEIN VATER VOR IHM HAT ER TAUSENDE AUF DEM TEMPELBERG ABGESCHLACHTET. NUN WERDEN WIR GLEICHES MIT GLEICHEM VERGELTEN.
TOD DEM HERODES!
REVOLUTION!
TOD DEM HEIDNISCHEN KAISER AUGUSTUS!

TIBERIUS FESTUNG…
„WIR GEHEN BEI ANBRUCH DER NACHT…“
„BEDECKT DIE FACKELN MIT KRÜGEN, DAMIT SIE DIE LICHTER IN DER FERNE NICHT SEHEN!“
„UND WÄHREND SICH IHRE AUGEN AN DIE DUNKELHEIT GEWÖHNEN…“
„… GREIFEN WIR AN!“
„ZERSTÖREN DIE KRÜGE…“

WOOP
WOOP
WOOP...
WOOP
„... UND LEGEN LOS!“
BOOM!

ROM…
WIE ALT IST ER?
ER IST 18, MEIN KAISER.
KIND ODER NICHT, WENN ER SEINEN WAHNSINNIGEN VATER ÜBERLEBT HAT, MUSS ER EIN KÄMPFER SEIN.
TREFFEN WIR DIESEN JUNGEN MANN, DER KÖNIG SEIN WILL!
KAISER AUGUSTUS.
FÜRST HERODES ARCHELAOS, ICH HOFFE, DEINE REISE VERLIEF OHNE ZWISCHENFALL.
JA.
GUT.
NUR WENIGE SCHEINEN DEINE FORDERUNG ZU UNTERSTÜTZEN. VIELE DEINER EIGENEN LEUTE PROTESTIEREN GEGEN DEINE ERNENNUNG ZUM ETHNARCH.
…
HIER HEISST ES, WÄHREND DEINER REISE WURDE DEINE GESAMTE GARNISON VON RÄUBERN ÜBERNOMMEN.
EINSCHLIESSLICH MEINER FESTUNG IN JUDÄA!
BENACHRICHTIGT DEN SYRISCHEN LEGATEN VARUS. ICH WILL, DASS SEINE LEGIONEN DEN PÖBEL ZERQUETSCHEN. UND JEDE STADT, DIE SIE BEHERBERGT, WIRD EBENSO AUSRADIERT.

* RÖMISCHE LEGIONEN.

„…STATTDESSEN HABEN WIR SEINEN BRUDER ARCHE-LAOS, DIESEN IRREN.“
„WIR KÖNNEN NICHT ZURÜCK NACH BETLEHEM. ALSO GEHEN WIR NACH GALILÄA…“
„… DEM TUMMELPLATZ FÜR AUFSTÄNDISCHE UND AUFLEHNUNG.“
…
JOSEF…
„UNSER NEUES ZUHAUSE…“
„… NAZARET.“
„VIER MEILEN WEITER BRENNT SEPPHORIS.“
„WILLKOMMEN IN GALILÄA!“

Kapitel 1: Verloren

MITTEL-
MEER
TYRUS
PROVINZ SYRIEN
CÄSAREA
PHILIPPI
GALILÄA
CHORAZIN
BETSAIDA
KAFARNAUM
GAMLA
MAGDALA
TIBERIUS
SEE
VON
GALILÄA
BETHLEHEM
NAZARETH
GADARA
NAIN
MEGIDO
DAKAPOLIS
SAMARIEN
SICHEN
SYCHAR
JAKOBSBRUNNEN
PERÄA
ARIMATHÄA
EMMAUS
JERICHO
JERUSALEM
BETANIEN
BETLEHEM
HERODIUM
JUDÄA
GAZA
HEBRON
MACHÄRUS
TOTES
MEER
ARNONQUELLE
MASADA
BEERSCHEBA
WICHTIGE ORTE
JESUS' WEG

ETWA ZEHN JAHRE SPÄTER…
DER MARKTPLATZ ODER CHANUTH AUF DEM ÖLBERG, ÖSTLICH DES TEMPELS VON JERUSALEM…
HABT IHR GEHÖRT?
WIE VIEL KOSTET DEIN OLIVENÖL?
DAS IST WUCHER! DAS BEZAHLE ICH NICHT!
ARCHELAUS WURDE NACH VIENNA IN GALLIEN VERBANNT.
Togas in Rom hergestellt
DEN WÄREN WIR LOS. ZUM TEUFEL MIT DEM HAUS VON HERODES!
PERSISCHE TEPPICHE! IM SONDERANGEBOT!
ANTIPAS IST NUN TETRARCH IN GALILÄA, UND EIN RÖMER NAMENS PILATUS IST PRÄFEKT VON JUDÄA.
DAS IST ALLES MIST!
WOW!
HMMM…

WAHNSINN!
HI, KLEINER. WILLST DU MITFAHREN?
DANKE, HERR.

DANKE NOCH MAL.
HEREINSPAZIERT, MEINE DAMEN UND HERREN!
GARANTIERT NICHTS AUSLASSENDE FÜHRUNG DURCH DEN TEMPEL FÜR ALLE HEIDEN.
HAST DU DAS GEHÖRT, FLAVIUS?
AH, ICH SEHE, SIE SIND EINE FRAU VON TADELLOSEM RUF.
DU KANNST HEIDEN IN DEN INNEREN VORHOF FÜHREN?
KEIN PROBLEM, SCHÖNE FRAU. MEINE FÜHRER BRINGEN SIE SOGAR INS ALLERHEILIGSTE…
NEIN! DAS IST BETRUG!
HAU AB! VERSCHWINDE! DIESE JUGEND VON HEUTE! SCHULD SIND DIE ELTERN.

„EIN MANN WILL AN JOM KIPPUR IN DEN TEMPEL, DOCH OHNE KARTE LÄSST MAN IHN NICHT REIN."
„ALSO SAGT ER: ‚ICH WILL NUR EINEM FREUND EINE NACHRICHT BRINGEN.'"
UND WAS SAGTE ER DANN?
„LASS MICH NUR KURZ REIN, ICH BIN SOFORT WIEDER DRAUSSEN."
„GUT", SAGT DER KERL AM TOR, „ABER WEHE, ICH ERWISCHE DICH BEIM BETEN."
HAHA, HA, HA, HA, HA, HAAAA!
JESUS! HAST DU DAS GEHÖRT?
JESUS IST NICHT HIER, ONKEL JOSEF. ICH DACHTE, ER WÄRE BEI EUCH.
JESUS!
JESUS!
JESUS!
JESUS!
JESUS!

POTZ BLITZ!
LASST EUCH REINIGEN, LEUTE!
GLEICH HIER.
AHHHH...

TAG ZWEI…
„MARIA UND ICH HABEN BESCHLOSSEN, DIE SUCHE IN JERUSALEM FORTZUSETZEN. WIR GEHEN ZUERST NACH BETHANIEN.“
ZIEHT OHNE UNS WEITER NACH GALILÄA.

POCH!
POCH!
JOSEF! MARIA! IST WAS PASSIERT?
ES IST JESUS, MIRIAM. WIR KÖNNEN IHN NIRGENDS FINDEN.
WIR DACHTEN, ER WÄRE BEI SEINEN ANDEREN GESCHWISTERN UND COUSINS. WENN MEINEM SOHN ETWAS ZUGESTOSSEN IST…
NICHT WEINEN! ICH BIN SICHER, ER IST IN JERUSALEM UND WARTET AUF EUCH.
ZWEI TAGE IST ES HER, KLEOPAS. SEIT ZWEI TAGEN IST UNSER SOHN DA DRAUSSEN.

TAG DREI...
UGGHHH!
GUTEN MORGEN, JERUSALEM!
HALLO, MEIN SOHN. KOMM HEREIN. FÜR EINEN IST NOCH PLATZ.
HEUTE WERDEN WIR UNSERE AUSLE-GUNG DER GESETZE AUFFRISCHEN.

DANKE, HERR.
WILLKOMMEN IN UNSERER WINTERFERIEN-SCHULE, NORD-LÄNDER.
OFFENBAR SEID IHR ALLE SCHÜLER IM ZWEITEN JAHR. MAL SEHEN, WAS EUCH EURE PROVINZRABBINER BEIGE-BRACHT HABEN.
„KANN JEMAND DIE TORA IN EINEM SATZ ZUSAMMENFASSEN?"
„KEINER…?"
„IHR HABT SIE AUS-WENDIG GELERNT…"
„WIE STEHT'S MIT DER DEUTUNG?"
„WAS IST MIT DIR, GALILÄER? EINE IDEE?"
ÄH… DIE TORA LEHRT UNS, DEN HERRN ZU LIEBEN.
VON GANZEM HERZEN…
… MIT ALLER KRAFT…
… UND MACHT.
DER LIEBES-ASPEKT… ÄH…
… WIRD OFT IGNORIERT ODER… MISS-VERSTANDEN.
WIEDERHOLST DU DIESEN KURS, JUNGE?

HERR, HABT IHR EINEN EINSAMEN JUNGEN GESEHEN?
ER IST EIN GUTES KIND.
UNGEFÄHR SO GROSS…
ER IST VERLOREN UND ALLEIN…
BITTE, HAT JEMAND…
… MEINEN…
… ABER SOLL MAN DEN FEIERTAG NICHT HEILIGEN?
PSST, JOSEF.
ICH HÖRE DIE STIMME UNSERES SOHNES.
DIESE NEUNMALKLUGEN FRAGEN WÜRDE ICH ÜBERALL ERKENNEN!

DU STELLST FRAGEN UND GIBST ANTWORTEN, DIE DEINEN HORIZONT WEIT ÜBER-STEIGEN.
SAGTEST DU, DU STUDIER-TEST IN DEINER SYNAGOGE AM STADTRAND VON NAZARET?
JA, HERR.
JESUS!
MUTTER!
WARUM HAST DU UNS DAS ANGETAN, JESUS?
WIR HABEN DICH ÜBERALL GESUCHT.
VERSTEHE ICH NICHT. IHR WUSSTET DOCH, DASS ICH IM HAUS MEINES VATERS BIN.
...

BETHANIEN…
WER IST DER MANN, WER IST DER MANN?
HA, HA, HA, HAAA!
TIII, HIII!
JOHANNES DENKT, WEIL ER SEINE BAR MITZWA HATTE, WÄRE ER EIN MANN.
DAS WIRD JOHANNES JETZT JESUS EIN JAHR UNTER DIE NASE REIBEN.
JA… EIN MANN VON 13 JAHREN…
DA FÄLLT MIR EIN: WAS MACHT JOHANNES' PRIES-TERAUSBILDUNG?
ER IST GUT VORBEREITET, DEN PLATZ SEINES VATERS EINZUNEHMEN.
SIEH SIE DIR AN!… KEINER KÄME DARAUF, DASS ER DREI TAGE FORT WAR. JUNGS, HM? BESONDERS DIESE ZWEI…
DIESE ZWEI, KLEOPAS. ÄRGER.

HA, HA, HAAA, HAAA, HAAAA!
HA, HA, HA! LASS LOS, BAR-MITZWA-BENGEL!
PSSST. ICH MUSS DIR ETWAS SAGEN, JESUS.
WAS LIEGT AN, J.?
DEN FAMILIEN WIRD DAS NICHT GEFALLEN. ES IST NICHT MEIN SCHICKSAL, IN DIE FUSSSTAPFEN MEINES VATERS ZU TRETEN. ICH BIN DIE STIMME…
DIE STIMME IN DER WÜSTE. ICH WERDE NICHT PRIESTER!

Kapitel 2: Dreckige Steuereintreiber, Römer und Herodianer

18 JAHRE SPÄTER...
DER MASADA-PASS, WESTLICH VOM TOTEN MEER NAHE DER IDUMENISCHEN GRENZE...
HAST DU JEMALS PARVE* MINZMELONE UND TRAUBENCOCKTAIL GEGESSEN?
NEE. WIE MACHT MAN DAS?

* KOSCHERE SPEISEN WERDEN IN DIE DREI KATEGORIEN FLEISCHIG, MILCHIG UND PARVE (NICHT FLEISCHIG ODER MILCHIG) EINGETEILT.

DU HALBIERST DIE MELONE, ENTFERNST DIE KERNE UND HÖHLST SIE MIT EINEM GROSSEN LÖFFEL AUS. AUS DEM FLEISCH FORMST DU KUGELN.
DANN MISCHST DU ORANGEN- UND ZITRONENSAFT MIT ZUCKER, ERHITZT IHN, BIS SICH DER ZUCKER AUFLÖST, UND GIESST IHN ÜBER DIE MELONENKUGELN.
EINE STUNDE STEHEN LASSEN, DANN UMRÜHREN.
DANN RÜHR EIN PAAR TRAUBEN UND MINZE UNTER UND SETZ DICH MIT ZWIEBELBROT IN DEN SCHATTEN... MMM!
ES IST MITTAG UND DIE VERDAMMTE HITZE IST UNERTRÄGLICH... WIR LIEGEN AUF DER LAUER... SIND HUNGRIG UND DURSTIG... UND DU BESCHLIESST, **COCKTAILREZEPTE** AUSZUTAUSCHEN! WAS IST LOS MIT DIR?
VOR ACHT JAHREN LAGEN WIR AUCH AUF DER LAUER.
ELKANA, IST DAS HILFREICH?
ÄHEM!

„DIE PRINZESSIN KOMMT MITTEN IN DER NACHT DAHER, ALS SEI SIE VOR ETWAS AUF DER FLUCHT."
„JEDENFALLS HALTEN WIR SIE AUF…"
„SIE ERZÄHLT UNS, DASS SIE HEIMLICH IHREN BETRÜGERISCHEN GATTEN HERODES ANTIPAS VERLASSEN HAT."
„ER WOLLTE SICH VON IHR SCHEIDEN LASSEN. UM IHRE EHRE ZU RETTEN, HAT SIE IHN VORHER VERLASSEN…"

SHEKHOR! DER WAGEN MIT DEN STEUERGELDERN IST HIER!
OKAY, JUNGS, ANSCHEINEND HATTE UNSER INFORMANT RECHT! KEIN BLUTVERGIESSEN, ES SEI DENN, SIE LASSEN UNS KEINE WAHL…
„WIR SIND KEINE MEUCHELMÖRDER!“

MEINE HERREN!
UNSERE STEUERN GEHEN
HEUTE NICHT NACH ROM! LEGT
EURE WAFFEN NIEDER!

BANDITEN!
VORHERSEH-
BAR!

AH, MEINE HERREN...
... UNSERE STEUERN ODER EURE LEBEN?

TJA, ELKANA, DIESMAL HABEN WIR EINEN VOLLTREFFER GELANDET.
OKAY! WIR ZIEHEN AB, LEUTE!
„DRECKIGE STEUEREINTREIBER, RÖMER UND HERODIANER! JEDER, DER SICH MIT HERODES ANTIPAS ANLEGT, IST MEIN FREUND…“

„IHR ERINNERT EUCH NOCH AN MEINE GESCHICHTE MIT DER PRINZESSIN?“
ALSO BRINGE ICH DIE PRINZESSIN AUF SCHLEICHWEGEN IN DIE BERGFESTUNG MACHÄRUS. IHR VATER ARETAS, DER KÖNIG DER NABATÄER, SOLLTE SIE SPÄTER ABHOLEN.
„ICH SCHWEIFE AB.“
„IN JENER NACHT KOMMT DIESER PROPHET IN SEINEM KAMELFELL, DER IN DER WÜSTE BEI DEN VERDAMMTEN DÄMONEN LEBT, ZU MIR…“
„WAS ER ZU MIR SAGTE, HAT MICH ACHT JAHRE LANG VERFOLGT.“
MORGEN LASSEN WIR UNS ALLE TAUFEN!
„ICH HÖRE, ER TAUFT LEUTE IN BETHANIEN, ÖSTLICH DES JORDANS.“

WIR SIND SO WEIT, SHEKHOR.
„EIN KLARER MORGEN…“
„NACHMITTAGS SOLLTEN WIR IN BETHANIEN SEIN.“

„ARME SAU!“
ALMOSEN FÜR DIE ARMEN UND KRANKEN!
Römer verrecke
ALMOSEN FÜR DIE MITTEL-LOSEN!
Römer verrecke
FÜR DICH, ALTER MANN.
DER HIMMEL SEGNE DICH.

„UNSER KONTAKT."
Freiheit sofort!
BESETZT!
GESCHLOSSEN AUF BEFEHL DES GLÄUBIGERS

SHALOM, SHEKHOR.
ES IST MEHR ALS GENUG FÜR ALLE DA. SORG DAFÜR, DASS DIE FAMILIE, DIE WIR UNTERWEGS SAHEN, ETWAS KRIEGT.
SHALOM, ZUBIN.
DU KANNST DAS PFERD BEHALTEN.
MÖGE DER HERR DEINER HAND WEITER KRAFT GEBEN, SHEKHOR.
„UND MÖGE ER DICH WEITER STÄRKEN, ZUBIN.“
„LASSEN WIR UNS TAUFEN!“

ÖSTLICH DES JORDANS…
SEHT EUCH DAS AN…
EIN HAUFEN HUREN, BAUERN, DIEBE, KAUF-LEUTE, HALSABSCHNEIDER, DER BODENSATZ DER GESELLSCHAFT…
… LEUTE WIE WIR!
HEY!
ENTSCHUL-DIGUNG.
DANKE!
AUF-STÄNDISCHE BANDITEN!
NICHT DRÄN-GELN!
NICHT AUFREGEN, MANN.
UNRUHE-STIFTER!
UNGEHOBELTE GALILÄER! KANN IHREN VERDAMMTEN DIALEKT NICHT AUSSTEHEN.

HUH?
HUH?
DU!
DU!
IST DAS ZU FASSEN? DAS IST DER STEUEREINTREIBER, DEN WIR GESTERN ÜBERFALLEN HABEN.
EIN REUIGER STEUER-EINTREIBER! NUN ÜBERRASCHT MICH NICHTS MEHR.
VERDAMMT RICHTIG!
PSST, JOHANNES SPRICHT. UND NICHT FLUCHEN, GROSSER.
...

ICH BIN DIE STIMME, DIE IN DER WÜSTE RUFT! MACHT PLATZ FÜR DEN HERRN! EBNET IHM DEN WEG!
FÜLLT JEDE SCHLUCHT…
JEDER BERG SOLL SICH SENKEN, UND WAS KRUMM IST, SOLL GERADE WERDEN…
AUF DASS ALLE MENSCHEN DAS HEIL SEHEN, DAS VON GOTT KOMMT!
BEREUT! DAS KÖNIGREICH GOTTES IST NAH.
!
IHR ZWEI KENNT EUCH WOHL!?

EINIGE VON EUCH FRAGEN: „WIE KÖNNEN WIR UNS AUF DAS KÖNIGREICH GOTTES VORBEREITEN?“
NUN, WER ZWEI GEWÄNDER HAT, DER GEBE EINES DAVON DEM, DER KEINES HAT.
WENN IHR SOLDAT SEID, ERPRESST KEIN GELD VON…
IHR! JA, IHR… SCHÖNLINGE AUS JERUSALEM, BEAMTE AUS DEM TEMPEL, UNSERE EDLEN THEOLOGEN…
ODER DARF ICH EUCH FALSCHE SCHLANGEN NENNEN?!
WER HAT EUCH VOR DEM KOMMENDEN ZORN GEWARNT?
WER HAT EUCH GEWARNT?
SCHLUCK!

NUN GUT, JOHANNES, DU HAST EIN AUFGEBLASENES EGO UND EINE GROSSE KLAPPE, ABER WOHER NIMMST DU DAS RECHT, ANDERE ZU TAUFEN?
IST DAS NICHT SÜSS? IHR SAGT: „WIR SIND ABRAHAMS KINDER, WIR SIND ABRAHAMS ERBEN.“ SO EIN UNSINN!
GOTT KANN AUS DIESEN STEINEN KINDER ABRAHAMS MACHEN, ALSO, WAS SOLL'S?
MACH REINEN TISCH!
DER HAT SIE VORGEFÜHRT!
UUUH! DAS HAT WEHGETAN!
WEITER, JOHANNES!
HA, HA, HA, HA.
HÖRT ZU, LEUTE!
DIE AXT IST AN DIE WURZELN DER BÄUME GELEGT. JEDER BAUM, DER KEINE FRÜCHTE TRÄGT, WIRD INS FEUER GEWORFEN.

WAS SOLLEN WIR ALSO TUN? DU BIST WEDER DER **MESSIAS** NOCH **ELIJA**. DU BIST NUR EIN **IRRER** AUS DER WÜSTE!
VERMUTLICH HAST DU DIR DORT WAS EINGEFANGEN. ICH DENKE, DU BIST **BESESSEN**.
WAS DENKT IHR, LEUTE?
WIR GLAUBEN, **GOTT** SPRICHT DURCH IHN.
JA!
JA!
DIESE WUNDERBAREN WORTE VON DIR KÖNNEN NUR VON GOTT GEKOMMEN SEIN.
JA, PREDIGER. WO SOLLEN WIR **UNTERSCHREIBEN**?

„BIS SPÄTER, BAR-MITZWA-BENGEL…“
„… IN UNGEFÄHR 40 TAGEN.“
Siku

Kapitel 3:

Kann etwas Gutes aus Nazaret kommen?

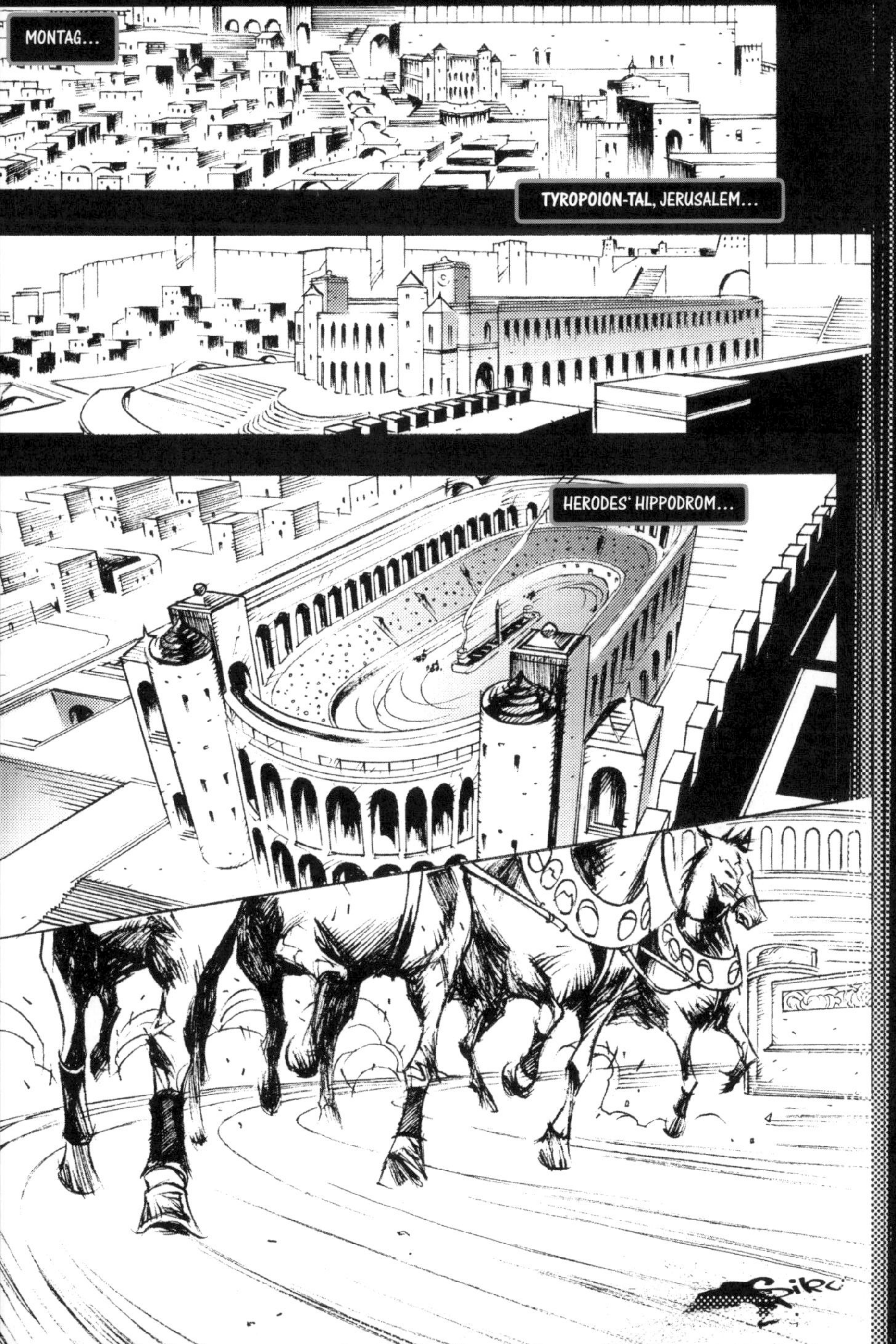
MONTAG...
TYROPOION-TAL, JERUSALEM...
HERODES' HIPPODROM...

SCHATZ, ICH MÖCHTE DEN PALAST NEU DEKORIEREN…
… MIT KLEINEN GRÜNEN MÄNNCHEN, DIE AUF BLINKENDEN TABLETTS SCHWE-BEN…
… TIII, HIII! DU HÖRST MIR NICHT ZU!
ICH HAB SEIT WOCHEN NICHT GESCHLA-FEN, LIEBES.
HERODES ANTIPAS!

KÖNIG HERODES ANTIPAS! IHR HABT JÜDISCHE INZESTGE-SETZE GEBROCHEN!
IHR HABT EURES BRUDERS FRAU GEEHELICHT UND MIT IHR DAS BETT GETEILT.
ALL DAS NOCH ZU LEBZEITEN EURES BRUDERS.
VER-STOSST DIESE FRAU! BEENDET DIESE AFFÄRE, DIE SCHANDE ÜBER ISRAEL BRINGT.
HERODES' THEATER, JERUSALEM...

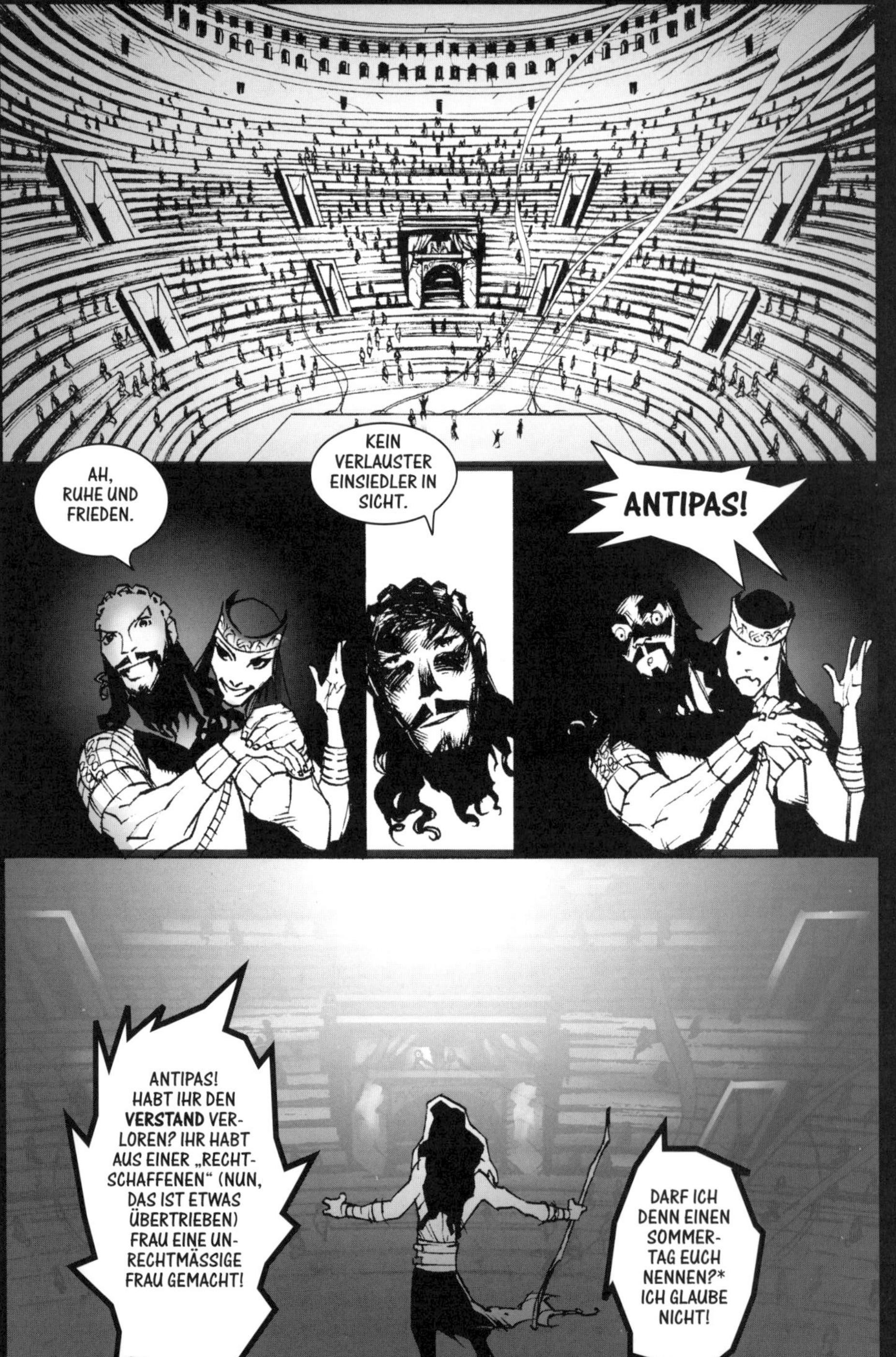

* FREI NACH SHAKESPEARE.

DIENSTAG...
MARKTTAG AUF DER AGORA, IM WOHLHABENDEN BEZIRK VON JERUSALEM...
SIEH NUR, SCHATZ!
GOLD AUS AFRIKA!
ÄHEM!
TEILEN WIR IMMER NOCH DAS BETT MIT DIESER FRAU, ANTIPAS?
„DIESE FRAU“? ER BRINGT NICHT MAL MEINEN NAMEN ÜBER DIE LIPPEN? WAS WIRST DU TUN, ANTIPAS?
ÄH... HERODIAS... LIEBES. DIE LEUTE DENKEN, ER SEI EIN PROPHET.
ICH KANN IHM NICHTS TUN.

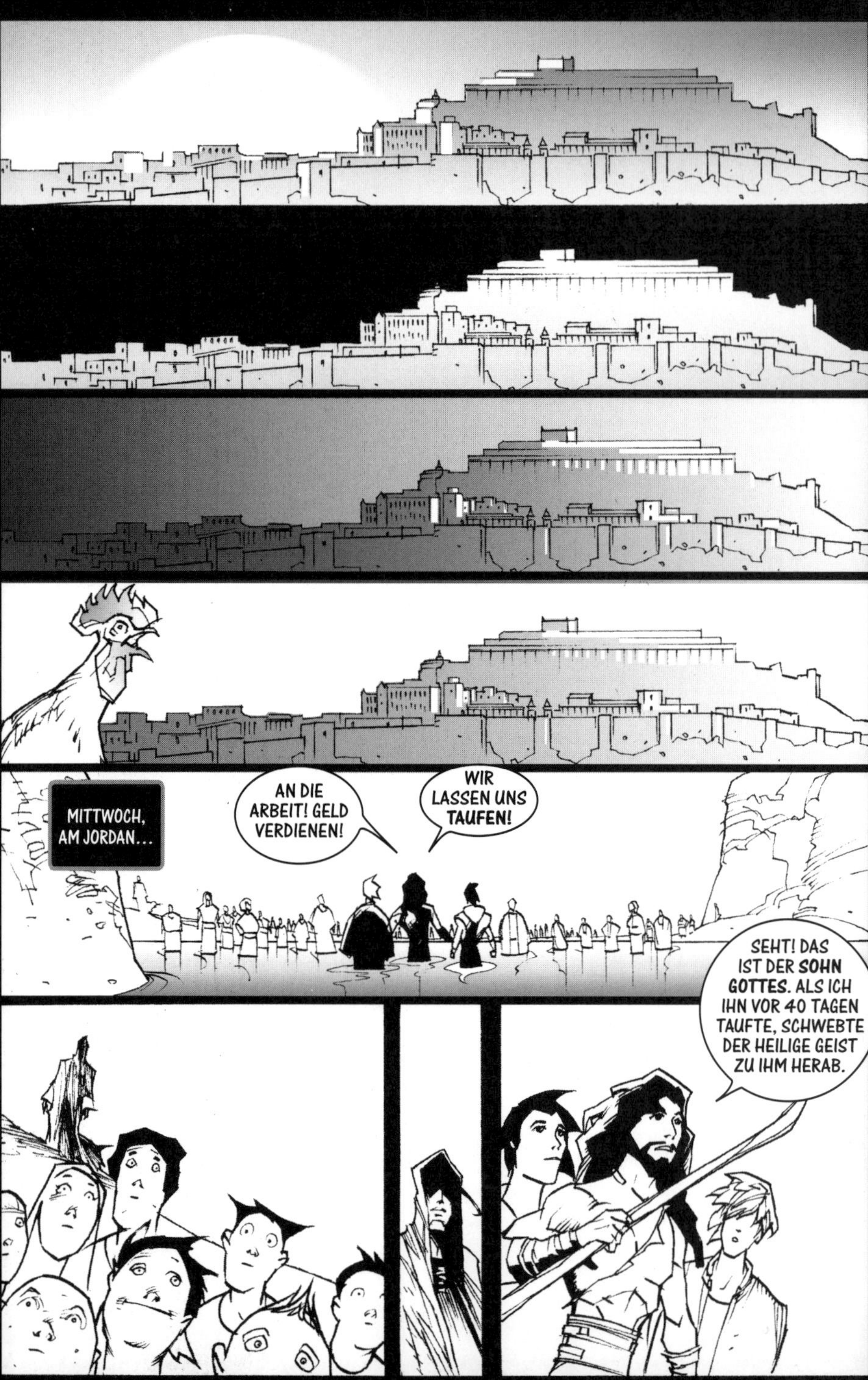

MITTWOCH, AM JORDAN…
AN DIE ARBEIT! GELD VERDIENEN!
WIR LASSEN UNS TAUFEN!
SEHT! DAS IST DER **SOHN GOTTES**. ALS ICH IHN VOR 40 TAGEN TAUFTE, SCHWEBTE DER HEILIGE GEIST ZU IHM HERAB.

DONNERSTAG…
ER NIMMT HIN-FORT…
… DIE SÜNDEN DER WELT.
HE, SEHT…
DA IST ER WIEDER. DAS LAMM GOTTES.
WARUM FOLGT IHR MIR?
MEISTER, WIR SIND JOHANNES' JÜNGER.
WIR HABEN UNS GEFRAGT, WO DU WOHNST.
KOMMT MIT. ICH WOHNE IN BETHA-NIEN.

UND WIE NENNT MAN EUCH, JUNGS?
ICH BIN ANDREAS, SOHN VON JOHANNES AUS BETSAIDA.
MICH NENNT MAN JOHANNES, SOHN VON ZEBEDÄUS.
WIR NENNEN IHN NUR REICHER BENGEL, MEISTER.
BETSAIDA?
ICH WILL MORGEN NACH GALILÄA. WIR KÖNNEN AUCH ZU DIR GEHEN.
MICH NENNT MAN ÜBRIGENS JESUS.

BETHANIEN…
DIES IST MEIN ZUHAUSE.
WARTET HIER, MEISTER. ICH MUSS MEINEN BRUDER SIMON HOLEN.
„GUT. IST ES WEIT?“
„NEIN. BIS GLEICH!“
SIMON!
SIMON, WIR HABEN DEN MESSIAS GEFUNDEN!
WIR HABEN DEN MESSIAS GEFUNDEN!
KOMM MIT!

* „KEPHAS" BEDEUTET „FELS".

FREITAG...
KOMM, SEI MEIN JÜNGER.
ICH BIN DABEI.
WIE HEISST DU?
PHILIPPUS! ICH HABE VON DIR GEHÖRT!
MEISTER, WIR BRAUCHEN PROVIANT.
INZWISCHEN HOLE ICH EINEN FREUND VON MIR AB.
NATANAEL!
GEHEN WIR?
NEE! WIR HABEN IHN GEFUNDEN, NATANAEL.
WEN?
DEN, VON DEM MOSES SPRACH!
DEN PROPHETEN! ES IST JESUS, SOHN VON JOSEF AUS NAZARET.
KANN AUS NAZARET ETWAS GUTES KOMMEN?
„AUFSTÄNDISCHE GALILÄER... MACHEN NUR ÄRGER."
„SEI STILL!"

MEISTER, ICH HABE MEINEN FREUND NATANAEL MITGE- BRACHT.
JA, ICH HABE DICH UNTER DEM FEIGENBAUM SITZEN SEHEN, ALS PHILIPPUS DICH TRAF.
DU BIST DER MES- SIAS!
DAS IST ERST DER ANFANG, NATANAEL. IHR WER- DET DEN HIMMEL GEÖFF- NET UND DIE ENGEL GOTTES AUF- UND NIEDERSTEIGEN SEHEN ÜBER DEM MEN- SCHENSOHN.
SIKU

GALILÄA, WIR KOMMEN!
HIER SCHLAGEN WIR HEUTE NACHT DIE ZELTE AUF.
„GUTE NACHT, MEISTER.“
„GUTE NACHT, JUNGS.“
„GUTE NACHT, ANDREAS.“
„GUTE NACHT, NATANAEL.“
„GUTE NACHT, PHILIPPUS.“
„GUTE NACHT, KEPHAS.“
„KLAPPE, JOHANNES!“

SABBAT...
„GUTE NACHT, MEISTER."
„GUTE NACHT, LEUTE."
„GUTE NACHT, ANDREAS."
„GUTE NACHT, NATANAEL."
„GUTE NACHT, PHILIPPUS."
„GUTE NACHT, KEPHAS."
„ZZZZZZZ."
SONNTAG...

WOZU SCHMIEDEN DIE VÖLKER VERGEBLICHE PLÄNE…
DER MEISTER BETET WIEDER.
SELTSAM.
WAS IST SELTSAM?
WIE ER GOTT IMMERZU „VATER“ NENNT.

MONTAG...
HI, JOSUA.
JESUS! WILLKOMMEN ZU HAUSE. WIR HABEN GEHÖRT, JOHANNES DER TÄUFER HAT DICH ALS **DEN MESSIAS** VERKÜNDET.
„GRATULIERE, JESUS. DAS GANZE DORF IST IN AUFREGUNG..."
„... BESONDERS DEINE MAMA."
„UNSER WUNDER-KIND WIRD ZUM GUTEN."
„ENDLICH IST ETWAS GUTES AUS NAZARET GEKOMMEN."

JESUS!
HMMM, ICH SCHÄTZE, DAS IST MAMA.
SIND DAS NICHT JESUS UND MARIA?
JEP!
HMMM, WAS SEHE ICH DA IN DEINEN HAAREN?
EINE WEITERE GRAUE STRÄHNE.
JESUS!
JESUS IST ZURÜCK.
DAS WUNDERKIND IST ZURÜCK.
DER JUNGE MACHT SICH.
JAKOBUS, JUDAS.
BRUDER…
UNSER BRUDER, DER LEHRER.
DAS SIND MEINE SCHÜLER, MUTTER: KEPHAS, ANDREAS, NATANAEL, PHILIPPUS UND JOHANNES.
MEISTER, ES WÄRE MIR EINE EHRE, DICH, DEINE FAMILIE UND SCHÜLER ZU EINEM HOCHZEITSFEST EINZULADEN, DAS ICH IN KANA GEBE.
DANKE.

KANA...

SOHN?
WAS IST, MUTTER?
SIE HABEN KEINEN WEIN MEHR.
WAS HAT DAS MIT DIR ODER MIR ZU TUN? WENN ES SO WEIT IST, SORGT GOTT FÜR ALLES.
PSST, DIENER...
... TUT, WAS IMMER DER MEISTER SAGT.
WIE ICH HÖRE, IST KEIN WEIN MEHR DA.
„ALSO TUT FOLGENDES..."
„HOLT SECHS KRÜGE."
„FÜLLT SIE MIT WASSER."
„SCHÖPFT ETWAS AB..."
„... UND BRINGT ES DEM ZEREMONIAR."
BRÄUTIGAM! JEDER SERVIERT ZUERST DEN GUTEN WEIN, UND WENN DIE GÄSTE ZU VIEL GETRUNKEN HABEN, DEN BILLIGEN. SO MERKT ES KEINER.
DOCH DU HAST DEN GUTEN ZURÜCKGEHALTEN!
WIE COOL!
MIT SO WAS HATTE ICH NICHT GERECHNET.

DER SEE GENEZARETH…
„KAFARNAUM WIRD DIR GEFALLEN, MEISTER.“
„DORT IST ES.“
HEY, LEUTE. DARF ICH EUCH MEINEN MEISTER UND SEINE MUTTER VORSTELLEN? SIE WERDEN EIN PAAR TAGE BEI UNS BLEIBEN.
HERODES' BERGFESTUNG IN MACHÄRUS, SÜDÖSTLICH VON JUDÄA…
ANTIPAS! ICH LASSE MICH NICHT WIE DEINE HURE BEHANDELN!
ICH WILL DEN KOPF DES TÄUFERS!
HEIMLICH BEWUNDERST DU IHN, WAS?
HONIGKUCHEN. DU WEISST, ICH LIEBE DICH. ICH KANN MIR NICHT HELFEN. ICH LIEBE DICH UND SONST NIEMANDEN.
„DU WURM! ICH KÜMMERE MICH SELBST UM DIESEN PROPHETEN.“

Kapitel 4:
Ein Sturm zieht auf

SABBAT...
DIE SYNAGOGE IN JESUS' HEIMATSTADT NAZARET...
DAS WUNDERKIND LIEST HEUTE.
JESUS PREDIGT HEUTE.
WAS HAT ES MIT DIESEM NEUEN PROPHETEN AUF SICH?
ICH HÖRTE, ER SEI EIN RADIKALER.
DER RABBI DES TÄUFERS IST HIER!
NATANAEL, HAST DU DIE WASCHUNG VORGENOMMEN?
DANKE, AUSLEGER.
רוח אדני יהוה עלי, יען משח יהוה אתי לבשר ענוים שלחני לחבש לנשברי־לב לקרא לשבוים דרור ולאסורים פקח־קוח:
DER GEIST DES HERRN RUHT AUF MIR, DENN DER HERR HAT MICH GESALBT.
ER HAT MICH GESANDT, DAMIT ICH DEN ARMEN EINE GUTE NACHRICHT BRINGE, DEN GEFANGENEN DIE ENTLASSUNG VERKÜNDE, DIE ZERSCHLAGENEN IN FREIHEIT SETZE...
לקרא שנת־רצון ליהוה
... UND EIN GNADENJAHR DES HERRN AUSRUFE.

HEUTE HAT SICH DAS SCHRIFTWORT, DAS IHR GEHÖRT HABT, ERFÜLLT.
SICHER WERDET IHR MIR DAS SPRICHWORT VORHALTEN: ARZT, HEILE DICH SELBST! WENN DU IN KAFARNAUM SO GROSSE DINGE GETAN HAST, WIE WIR GEHÖRT HABEN, DANN TU SIE AUCH HIER IN DEINER HEIMAT!
ABER ICH SAGE EUCH: „KEIN PROPHET WIRD IN SEINER HEIMAT ANERKANNT!“
ES GAB VIELE WITWEN IN DEN TAGEN DES ELIJA, WÄHREND DER GROSSEN HUNGERSNOT.
DOCH GOTT SANDTE ELIJA ZU EINER WITWE IN SAREPTA BEI SIDON.
UND ES GAB VIELE AUSSÄTZIGE IN ISRAEL ZU DER ZEIT, ABER KEINER VON IHNEN WURDE GEHEILT, NUR DER SYRER NAAMAN.
SELBST DIE UNREINEN HEIDEN WERDEN VON GOTT BERÜHRT. JUDE ODER NICHTJUDE, GOTT HAT KEINE LIEBLINGE.
FALSCHER PROPHET!

ZUR KLIPPE!
ZUR KLIPPE!
DAS GESETZ SCHREIBT VOR, DASS WIR DICH VON DER KLIPPE STÜRZEN, FALSCHER PROPHET.
KETZER!
JA!
JA!
TOD!
JA!
JA!
FALLS DU NOCH EIN LETZTES GEBET HAST, SPRICH ES JETZT.
JA!
JA!
ÄH, ENTSCHULDIGUNG. WAS GENAU WAR FALSCH AN DEN WORTEN DES RABBI?
JA! WAS IST DARAN FALSCH, WENN GOTT FÜR ALLE DA IST?
WIESO?
ER IST EIN FALSCHER PROPHET!
KEINE AHNUNG! WAS IST DARAN FALSCH?
WAS FRAGST DU MICH? ICH FOLGE NUR DEM PÖBEL!

WEN NENNST DU PÖBEL?
ICH NENNE DICH UND DEINE FAMILIE PÖBEL! WAS WIRST DU DAGEGEN TUN, ALTER?
MIR HAT DIESES SEKTIERERTUM SOWIESO NIE GEFALLEN!
WILLST DU AUCH VON DER KLIPPE SPRINGEN?
ICH WEISS NICHT. MIR HAT GEFALLEN, WAS DER RABBI SAGTE.
HEY! JEMAND HAT MEINE BÖRSE GEKLAUT!
WAS IST EIN KETZER?
WIR KEHREN ZURÜCK NACH KAFARNAUM.
IN NAZARET GIBT ES FÜR UNS NICHTS MEHR ZU TUN.

KAFARNAUM…
RABBI!
WILL-KOMMEN ZURÜCK IN KAFARNAUM.
ICH BIN JAIRUS, DER SYNAGOGENVOR-STEHER HIER IN KAFARNAUM.
„ICH MÖCHTE, DASS DU JEDEN SABBAT IN UNSERER SYNAGOGE PREDIGST."
„ICH BIN GEEHRT, JAIRUS."
„KANNST DU DIESEN SABBAT ANFANGEN?"
ES STEHT GESCHRIEBEN: LIEBE DEINEN NÄCHSTEN, HASSE DEINEN FEIND!
ABER ICH SAGE: LIEBET EURE FEINDE UND BETET FÜR JENE, DIE VERFO…
HA, DU! JESUS VON NAZARET!

HE, HE, HE, HE, HE… WAS WILLST DU VON UNS?
BIST DU GEKOMMEN, UM… HE, HE, HE… UNS ZU VERNICHTEN?
WIR WISSEN, WER DU BIST, HE, HE, HE, HE, HEEEEE…
… DER VON GOTT AUSERWÄHLTE!
KLAPPE!
UUUG!
KOMMT RAUS!
HAST DU DAS GESEHEN?
MIT MACHT UND KRAFT BEFIEHLT ER DÄMONEN…
… UND SIE WEICHEN!

FRÜHLING, JERUSALEM...
PALAST DES HOHE- PRIESTERS KAJAPHAS...
SCHLUSS MIT DIESER FARCE! WIE KÖNNEN WIR UNS SANHEDRIN NENNEN OHNE DIE BEFUGNIS, DIE TODESSTRAFE ZU VERHÄNGEN?
ROM WIRD DAS NICHT ZU- LASSEN. SIE HABEN UNS KAUM RELIGIONSFREI- HEIT EINGE- RÄUMT.
RELIGIONS- FREIHEIT! MEINST DU DIE OPFER, DIE DU IN TIBERIUS' NAMEN BRINGST? DAS BRINGT SCHANDE ÜBER UNSER VOLK!
MEINE HERREN, DIE OPFER FÜR TIBE- RIUS ERSPAREN UNS DIE OPFER FÜR ZEUS, DIE IN JEDEM ANDEREN WINKEL DES RÖMISCHEN IMPE- RIUMS VERLANGT WERDEN.

UNSERE RELIGIONSFREIHEIT IST DAHER GEWAHRT, UND DEM VOLK BLEIBT DIE SCHANDE DER GÖTZENANBETUNG ERSPART.
SCHMÄLERT NICHT DEN HART UMKÄMPFTEN KOMPROMISS, DEN ZU ERREICHEN WIR ALLES RISKIERTEN.
WIE JEDES ANDERE IMPERIUM VOR IHM WIRD ROM FALLEN, UND WIR WERDEN WIEDER SO LEBEN, WIE WIR ES IMMER GETAN HABEN.
HABT GEDULD, **HOHER RAT**...
WENN DAS SO IST, KAJAPHAS, **PROTESTIEREN** WIR GEGEN DIE BEGRENZUNG UNSERER BEFUGNISSE UND VERLEGEN DIE RATSKAMMER AUF DEN **CHANUTH**.
LASST SIE GEHEN! PHARISÄER... SIE WISSEN NIE, WAS SIE WOLLEN!
WIR PRIESTER SOLLTEN ZUSAMMENHALTEN.

ICH HATTE OHNEHIN BEABSICHTIGT, DEN MARKT AUF DEM CHANUTH IN DEN TEMPEL ZU VERLEGEN.
DAS WÜRDE ES DEN PILGERN LEICHTER MACHEN.
ANSTATT DASS DIE PILGER OPFER AUS IHREM LAND ODER VOM ÖLBERG ANSCHLEP-PEN (MAN BEDENKE DIE ANSTECKUNGS-GEFAHR)...
... MÜSSEN SIE NUR AUF DAS OPFERTIER IHRER WAHL ZEIGEN UND DER PRIESTER SCHLACHTET ES FÜR SIE.
ICH NENNE ES KUNDENDIENST. DAS IST DIE ZUKUNFT!
WIR STEHEN AM ANFANG EINES NEUEN JAHRHUNDERTS. ALLES DREHT SICH UM VERMARKTUNG!
HABE ICH DEN VORTEIL DIESES GESCHÄFTS ERWÄHNT? WIR BEKOMMEN VON DEN HÄNDLERN EINE PROVISION FÜR UNSERE MÜHE.
EINER MUSS SCHLIESSLICH FÜR UNSERE KASTE SORGEN. AUF DIE PHARISÄER UND SADDUZÄER IST KEIN VERLASS.
HAT JEMAND HUNGER? ICH LADE EUCH EIN.

DÄMMERUNG ÜBER DER FESTUNG VON TIBERIAS IN GALILÄA...
HERODIAS...
WAS GUCKST DU SO?

DER BERG
ARBEL...
„VATER..."

„ALS ICH VOR VIELEN MONATEN IN DER WÜSTE WAR, HAST DU MIR KRAFT GEGEBEN.“
„SELBST STARKE LÖWEN LEIDEN HUNGER...“
„DOCH WER ZUM HERRN KOMMT, FINDET ALLES, WAS ER ZUM LEBEN BRAUCHT.“

„VATER, IN DEN TIEFSTEN ABGRUND HAST DU MICH GESTÜRZT, IN DUNKELHEIT…“
„… IN DIE TIEFEN.“
„ABER SELBST WENN DUNKELHEIT MICH EIN-SCHLIESST…“
„FÜR DICH IST SIE NICHT DUNKEL.“
„NACHT IST WIE TAG FÜR DICH, VATER.“
„DER FEIND VERFOLGT MICH BIS IN DIE DUNKELHEIT…“
„…WIE JENE, DIE SCHON LANGE TOT.“
snarl

„ABER ALLES VIEH AUF DEN TAUSEND BERGEN…
„… IST MEIN.“
yelp

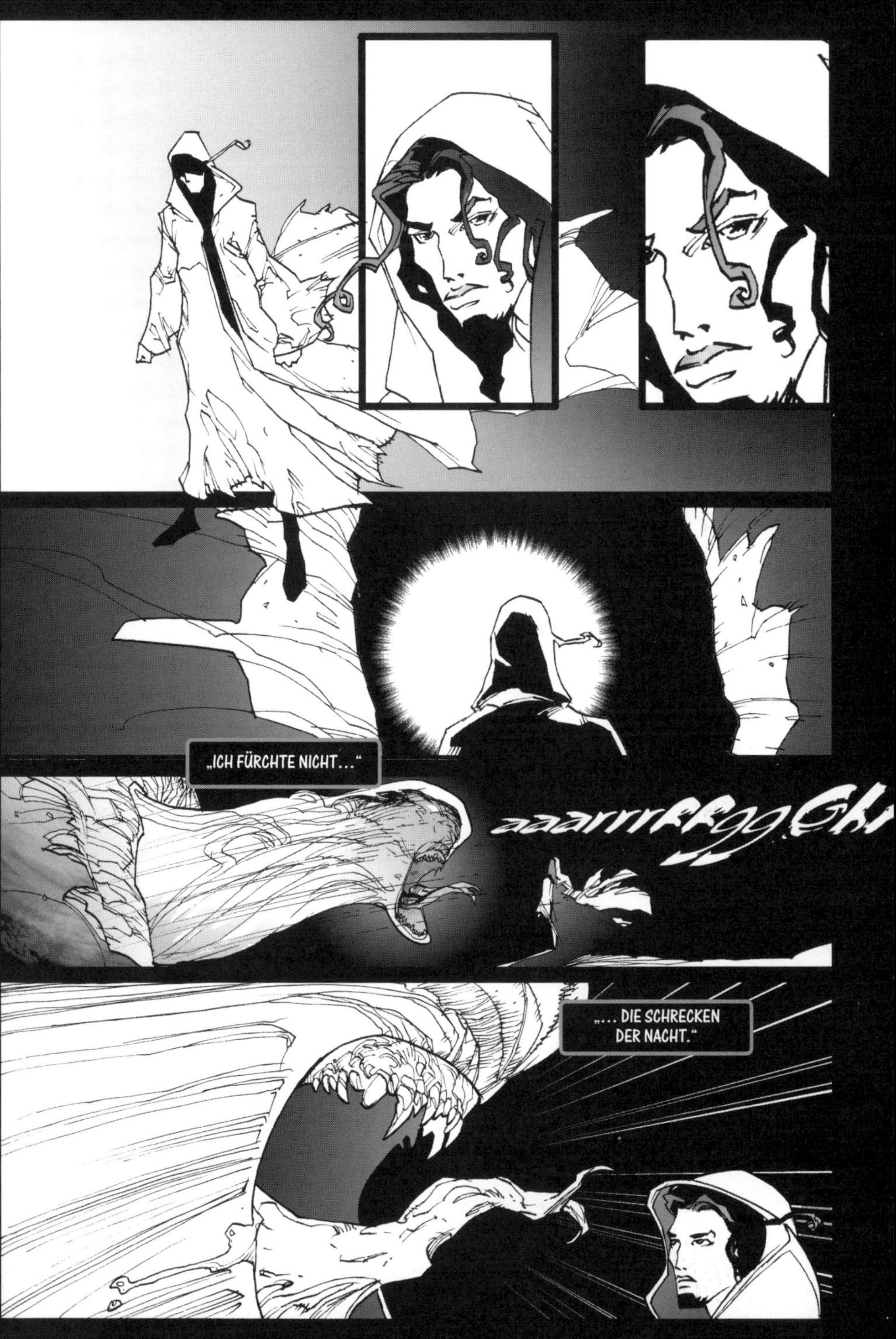

„ICH FÜRCHTE NICHT…“
aaarrrrrggghh
„… DIE SCHRECKEN DER NACHT.“

SIEH AN, SIEH AN! WIR FÜRCHTEN UNS NICHT, SOHN DES ALLMÄCH-TIGEN?
NUR NOCH EINE GESCHÄFT-LICHE ANGE-LEGENHEIT ÜBRIG…
… EURE HOHEIT.

DIE KLEINIGKEIT VON DREI VERSU-CHUNGEN…
„EINE VISION…“
„DIE JAGD IST ERÖFFNET. DIE JÄGER AUF DER SUCHE NACH DEM GEJAGTEN.“
„DIE CONTUBERNIA.“

DIE CONTUBERNIA!
WAS WILL DIE CONTUBERNIA VON UNS?
BRINGT FRAUEN UND KINDER IN DIE KELLER!
FROMME WÜSTEN-BEWOHNER! SAGT UNS, WO DER TÄUFER IST, UND EUCH WIRD KEIN HAAR GE-KRÜMMT.
VORWÄRTS, MÄNNER! LÖSEN WIR IHRE ZUNGEN!

CRACK
HÖRT AUF! ICH SAGE EUCH, WAS IHR WISSEN WOLLT.
„JOHANNES DER TÄUFER RASTET AM BERG NEBO.“
„VORWÄRTS, MÄNNER…“
„FÜR DEN FALL, DASS DER ALTE GELOGEN HAT, SCHLITZT IHM DIE KEHLE AUF!“
MEISTER!
MEISTER!

MEISTER!
MEISTER!
HERR, WIR HABEN DICH ÜBERALL GESUCHT!
ES WIRD ZEIT, NACH JERUSALEM ZU GEHEN.

„DER HERR BAUT JERUSALEM WIEDER AUF…"

„... DIE AUS ISRAEL VERSCHLEPPTEN BRINGT ER WIEDER HEIM."

PASCHAFEST…
WENN ICH DICH JE VERGESSE, SOLL MIR DIE ZUNGE AM GAUMEN FESTWACHSEN; WENN ICH IRGENDETWAS LIEBER HABE ALS DICH, JERUSALEM.
IN DEINEM TEMPEL IN JERUSALEM…
… BRINGEN DIE KÖNIGE DIR IHREN TRIBUT.

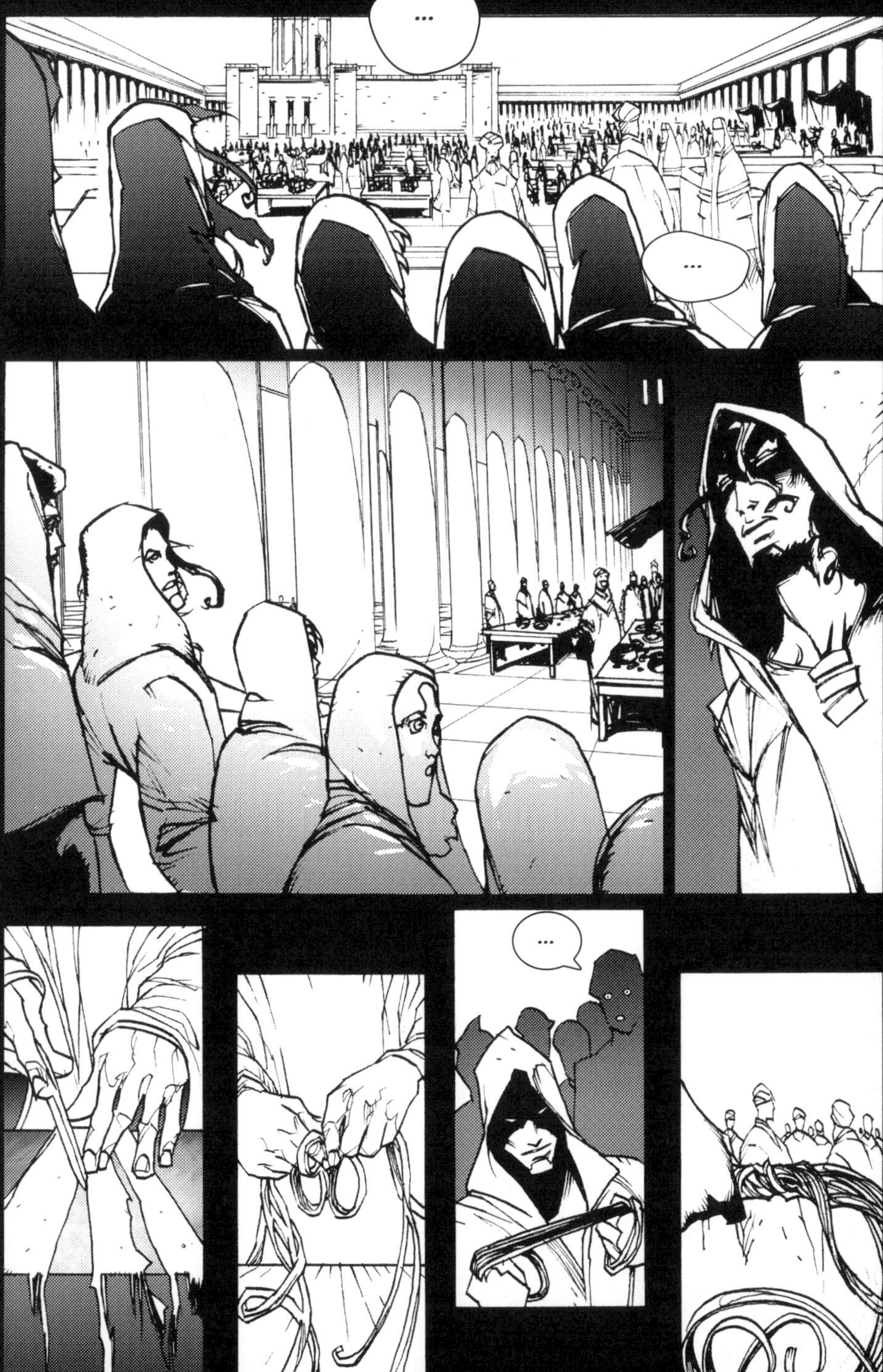

IHR AASGEIER!
WAS FÄLLT EUCH EIN, DAS HAUS MEINES VATERS IN EINE MARKTHALLE ZU VERWANDELN?
SCHERT EUCH HIER RAUS!

RAUS!
RAUS!
MANN...
...
%!'
WUNDER-BAR.
WELCHES ZEICHEN LÄSST DU UNS SEHEN ALS BEWEIS, DASS DU DIES TUN DARFST?
ZERSTÖRT DEN TEMPEL! IN DREI TAGEN WERDE ICH IHN WIEDER AUFRICH-TEN.
46 JAHRE WURDE AN DIESEM TEMPEL GEBAUT...
!
!
!
... UND ER WILL IHN IN DREI TAGEN WIEDER AUF-RICHTEN?
DU SPINNST!
DEINE BEINE SIND GELÄHMT...
STEH AUF UND GEH!

...
...
...
DAS GIBT'S NICHT!
!
SELBST DIE GELÄHMTEN WANDELN AUF SEINEN BEFEHL?
FINDE HERAUS, WO DER PROPHET WOHNT.
WIE IHR WOLLT, RABBI NIKODEMUS.
MIT DIESER TAT HAT DER PROPHET…
JESUS, SIE NENNEN IHN JESUS.
„… JA, HAT JESUS IN KAJAPHAS EINEN MÄCHTIGEN FEIND GEFUNDEN."

IRGENDWO AN DER OSTKÜSTE VOM TOTEN MEER...
HE, IHR! HERODES' HUNDE!
ICH HAB GEHÖRT, IHR SEID HART WIE STAHL! ALSO SOLLTE EUCH EINE KLEINE PREDIGT NICHT SCHRECKEN!
...
VERSUCHEN WIR'S MIT ETWAS LEICH-TEM... ZUM BEISPIEL...
GOTTES HERRSCHAFT IST NAH. SCHON HÄLT ER DIE SCHAUFEL IN DER HAND; ER WIRD DIE SPREU VOM WEIZEN TRENNEN...
... UND DEN WEIZEN IN SEINE SCHEUNE BRINGEN; DIE SPREU ABER WIRD ER IN NIE ERLÖSCHENDEM FEUER VERBRENNEN!

KOMMEN WIR NUN ZU ETWAS SCHWEREREM…
EIN GROSS-MÄULIGER GEFANGENER ABGELIEFERT. MAN NENNT IHN „DIE STIMME“.
DAS TRIFFT ES… MANN, BRUMMT MIR DER SCHÄDEL!
HE, HE, HE, KEINE SORGE, **STIMME.** BALD WIRD AUS DEM WORT EIN SCHREI!
HAAAA!
WENN EUCH HERODES DAS NÄCHSTE MAL BEFIEHLT, EINEN UNSCHULDIGEN ZU VERHAFTEN, SAGT IHM DOCH EINFACH, ER SOLLE EINE ZITRONE LUTSCHEN!

UUUGH!
BOOF
HE, HEHE, HEHE, HEHE, HE!
OH, NOCH ETWAS, STIMME...
MIT GRÜSSEN VOM MUND-SCHENK!

„WENN MEINE FEINDE MICH BEDRÄNGEN, WENN SIE MIR VOLLER HASS ANS LEBEN WOLLEN, DANN STÜRZEN SIE UND RICHTEN SICH ZUGRUNDE."
„ICH HABE MEHR ALS GENUG GELITTEN; MIT EINEM FUSS STEHE ICH SCHON IM GRAB."
„DIR, MEINEM GOTT, VERTRAUE ICH; ENTTÄUSCHE MICH NICHT! DIESEN TRIUMPH DÜRFEN MEINE FEINDE NICHT HABEN."

SAMARIEN...
Kapitel 5: Die samaritische Frau und die Frau des Tetrarchen

DER MEISTER IST ERSCHÖPFT!
ER HAT DIE GANZE NACHT GEBETET, WAS?
MEISTER, ES IST NOCH EIN WEITER WEG BIS GALILÄA. WARUM RUHST DU DICH NICHT AUS? WIR KÖNNEN IN SYCHAR UNSERE VORRÄTE AUFFÜLLEN.
JA. LASST UNS AM JAKOBSBRUN-NEN EINE RAST MACHEN.

BERGFESTUNG MACHÄRUS…
MEIN FÜRST ANTIPAS! HÖRT MEINE WORTE! IHR SUCHT ZUFLUCHT HINTER DEM ROCK DIESER FRAU, DOCH IHR KÖNNT EUCH NICHT VERSTECKEN!
ALSO VERSTECKT IHR MICH. GANZ ISRAEL WEISS DAS!
ABER WER WIRD EURE SCHANDE VERSTECKEN, ANTIPAS?
ANTIPAS!
ANTIPAS!
UUUGGGGH!
!

LÄSST DU ZU, DASS ER SO ÜBER MICH SPRICHT?
PHILIPPOS, DEIN BRUDER, HÄTTE NIEMALS JEMANDEN SO ÜBER MICH REDEN LASSEN, SCHON GAR NICHT EINEN VERLAUSTEN PREDIGER!
PHILIPPOS HÄTTE SEINE FALKEN MIT SEINER ZUNGE GEFÜTTERT!
PHILIPPOS HÄTTE IHN GEKÖPFT!
WAS WURDE AUS DEM MANN, DER KÖNIG WERDEN WOLLTE? SCHRUMPFTE ER VOR EINEM VERLAUSTEN PREDIGER?
OKAY! OKAY! ICH REDE MIT IHM!
FRAUEN!
SCHLIESSER, ZEIG MIR DEN TÄUFER.
JA, HERR.

PREDIGER!
ICH BIN DER EINZIGE, DER ZWISCHEN DIR UND DEM HENKER STEHT. DU SOLLTEST MEHR RESPEKT ZEIGEN.
IHR BEKOMMT MEINEN RESPEKT, TETRARCH, WENN IHR GERECHT HERRSCHT!
DU KENNST UNSER VOLK. MAN MUSS MIT EISERNER FAUST REGIEREN. NUR SO KANN MAN DIE RÖMER IN SCHACH HALTEN.
IHR HERRSCHT NUR, UM EUREN EHRGEIZ ZU BEFRIEDIGEN! IHR HABT DAS VOLK NIE GELIEBT!

...
GIBST DU MIR ETWAS ZU TRINKEN?
...
OH!

ICH ÜBERLEBE! WAS DU RÜCKSICHTSLOSEN EHRGEIZ NENNST, NENNE ICH BLOSSES ÜBERLEBEN.
ICH BIN DAS LETZTE KIND MEINES VATERS. MEIN BRUDER ARCHELAUS UND ICH HABEN NUR KNAPP DEN MACHTKAMPF IN MEINER FAMILIE ÜBERLEBT.
MEIN VATER HINTERLIESS SECHS TESTAMENTE! SECHS TESTAMENTE UND ZEHN FRAUEN. WENN WIR ÜBERLEBTEN, DANN NUR, WEIL WIR ÜBERLEBENSKÜNSTLER SIND UND NICHT BLOSS EHRGEIZIG. SO SIND DIE HERODES'.
JEMAND SOLL MIR EINEN EIMER BRINGEN!
WAS IST DAS? DIE BEDAUERT-DEN-KÖNIG-ARIE? SOLL ICH JETZT WEINEN?
DAS LEBEN WAR HART, ALSO STAHL TETRARCH ANTIPAS DIE FRAU SEINES HALBBRUDERS! ICH WÄRE GERN BEI EUREN FAMILIENTREFFEN DABEI!
EINE FAMILIE VON DESPOTEN UND INTRIGANTEN. BRUDER VERSCHWÖRT SICH GEGEN BRUDER, VATER GEGEN SÖHNE, MÜTTER GEGEN MÜTTER! IHR SEID EIN APFEL, DER SEHR NAH VOM STAMM FIEL, HERR!

IHR HABT EUCH MIT PHILIPPOS GEGEN EUREN LEIBLICHEN BRUDER ARCHELAUS VERSCHWOREN. IHR LIESSET IHN VERBANNEN, UND NUN HABT IHR AUCH PHILIPPOS BETROGEN.
UND WOFÜR? DAMIT EUCH TIBERIUS ZUM KÖNIG ERNENNT? IHR WERDET NIEMALS KÖNIG SEIN!
SEI STILL!
SEI STILL!
HEH HEHE HEHE
HA HA HA HAA HA
HA HA HA HAA

IST DAS ALLES, WAS DER TETRARCH ZU SAGEN HAT?
SAGT MIR, ANTIPAS: WIE GUT SCHLAFT IHR NACHTS?
ICH WETTE, IHRE ZARTE UMARMUNG BIETET WENIG TROST, WAS?
WOLLT IHR JEMALS WIEDER GUT SCHLA-FEN UND NICHT EINES GRAUSAMEN TODES WIE EUER VATER STERBEN...
... VERLASST DIESE FRAU UND HANDELT GERECHT, ANTIPAS!

H-HERR. DU BIST JUDE UND ICH BIN SAMARITERIN. JUDEN VERKEHREN NICHT MIT SAMARITERN. WIE KANNST DU MICH UM WASSER BITTEN?
WENN DU WÜSSTEST, WORIN DIE GABE GOTTES BESTEHT UND WER DICH UM WASSER BITTET, DANN HÄTTEST DU MICH GEBETEN…
…UND ICH HÄTTE DIR LEBENDIGES WASSER GEGEBEN.
HERR, DU HAST KEIN SCHÖPFGEFÄSS, UND DER BRUNNEN IST TIEF. WOHER WILLST DU DAS LEBENDIGE WASSER NEHMEN? BIST DU ETWA GRÖSSER ALS UNSER VATER JAKOB, DER UNS DIESEN BRUNNEN GAB?
WER VON DIESEM WASSER TRINKT, WIRD WIEDER DURST BEKOMMEN. ABER WER VON DEM WASSER TRINKT, DAS ICH IHM GEBEN WERDE, WIRD NIEMALS MEHR DURST HABEN. VIELMEHR WIRD DAS WASSER IN IHM ZU EINER QUELLE, DEREN WASSER EWIGES LEBEN SCHENKT.
HERR, GIB MIR DIESES WASSER, DAMIT ICH KEINEN DURST MEHR HABE UND NICHT MEHR HIERHERKOMMEN MUSS!
GEH, HOL DEINEN MANN UND KOMM WIEDER HER!
ICH HABE KEINEN MANN.
EIGENTLICH HAST DU FÜNF GEHABT, UND DER, DEN DU JETZT HAST, IST NICHT DEIN MANN.
HÜSTL… HERR, ICH SEHE, DASS DU EIN PROPHET BIST. WIE IST EURE MEINUNG HIERZU…? UNSERE VÄTER HABEN AUF DIESEM BERG GOTT ANGEBETET, ABER IHR JUDEN SAGT, WIR MÜSSTEN IN JERUSALEM BETEN.
DIE STUNDE KOMMT, ZU DER DAS KEINE ROLLE SPIELEN WIRD. GOTT IST GEIST, UND ALLE MÜSSEN IHN IM GEIST UND IN DER WAHRHEIT ANBETEN.
ICH WEISS, WENN DER MESSIAS KOMMT, WIRD ER UNS ALLES VERKÜNDEN.
JA, DENN ICH BIN DER MESSIAS.

KÖNNTEST DU DER SEIN, AUF DEN WIR GEWARTET HABEN?
ICH MUSS ALLEN IM DORF VON DIR ERZÄHLEN, PROPHET.
DER MEISTER SPRICHT MIT EINER FRAU OHNE BEGLEITUNG?
SCHLIMMER! ER REDET MIT EINER SAMARITERIN!
EIN SELTSAMER RABBI.
KEINE AHNUNG.
GELTEN SAMARITER NICHT ALS UNBERÜHRBAR?
KRASS… ER IST ZU COOL!

MEISTER, DA KOMMT DAS EMPFANGS-KOMITEE.

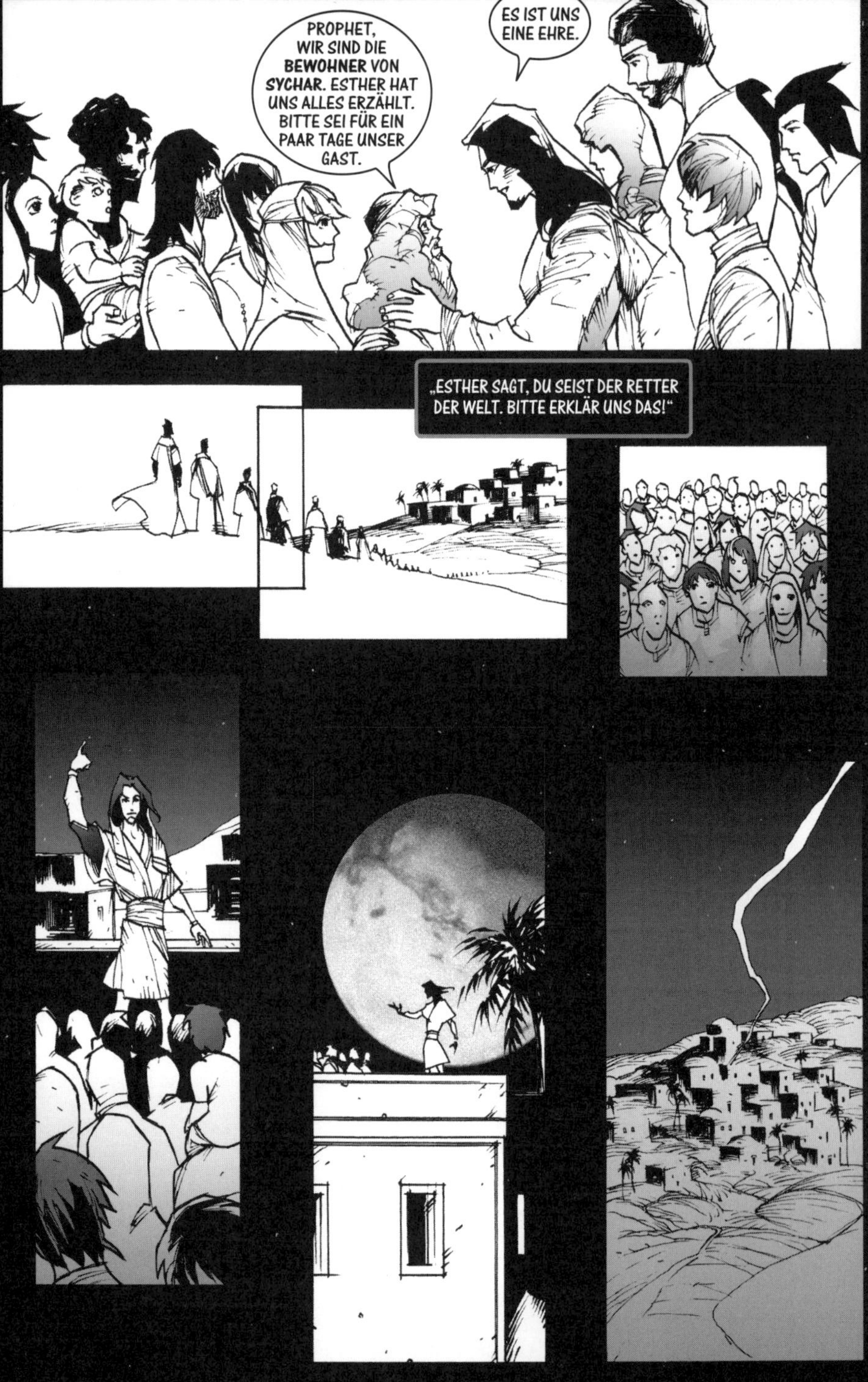
PROPHET, WIR SIND DIE BEWOHNER VON SYCHAR. ESTHER HAT UNS ALLES ERZÄHLT. BITTE SEI FÜR EIN PAAR TAGE UNSER GAST.
ES IST UNS EINE EHRE.
„ESTHER SAGT, DU SEIST DER RETTER DER WELT. BITTE ERKLÄR UNS DAS!“

MIT EIGENEN AUGEN UND OHREN HABEN WIR GEHÖRT, DASS DU DER GESALBTE BIST. DER RETTER DER WELT!
DANKE, MESSIAS. DU HAST MIR DAS LEBEN GERETTET!
FRIEDE.
CIAO.
CIAO.
NOCH NIE BEI SAMARITERN GELEBT.
ABER IHR ESSEN HAT EUCH GESCHMECKT, ODER?

„VOR MEINEN AUGEN WUCHSEN IHM GLIEDER.“
„NACHDEM ER DIE HÄNDLER AUS DEM TEMPEL VERJAGT HATTE?“
ER SAGTE: „WAS FÄLLT EUCH EIN, DAS **HAUS MEINES VATERS** IN EINE RÄUBERHÖHLE ZU VERWANDELN?“
„UND DANN LIESS ER DIESEN LAHMEN **GEHEN**, EINFACH SO!“
MUTIG, **KAJAPHAS** SO ZU DEMÜTIGEN, WAS?
HA, HA, HA, HA!
„WIR HABEN NICHT MEHR GEZÄHLT, WIE VIELE AN DEM TAG GEHEILT WURDEN!“
„QUATSCH!“
„DOCH!“
„QUATSCH!“
„DOCH, MANN!“
UND ER IST SO **STATTLICH**!
!

HEY, DAS IST JESUS!
PSST! SIND DAS NICHT JESUS UND SEINE JÜNGER?
DAS IST ER, SIMON. DAS IST DER PROPHET, DEN ICH IN JERUSALEM SAH.
DAS IST DER PROPHET JESUS!
RABBI JESUS!
JESUS!
JESUS!
JESUS!
JESUS!

„FREUST DU DICH AUF DEINE GEBURTSTAGS-FEIER, SCHATZ?“
„JA, LIEBES. ICH GENIESSE ES, MAL AUS MACHARÄUS RAUSZUKOMMEN. WAR ES DEINE IDEE, DAS FEST IN TIBERIAS ZU GEBEN?“
„JA, MEIN HERZ.“
„GUTER PLAN, SCHATZ. UND EIN GUTER ZEIT-PUNKT, DIE GEFANGENEN ZU VERLEGEN.“
„WACHEN! SCHNELLER.“

Kapitel 6:

Säufer! Irrer!

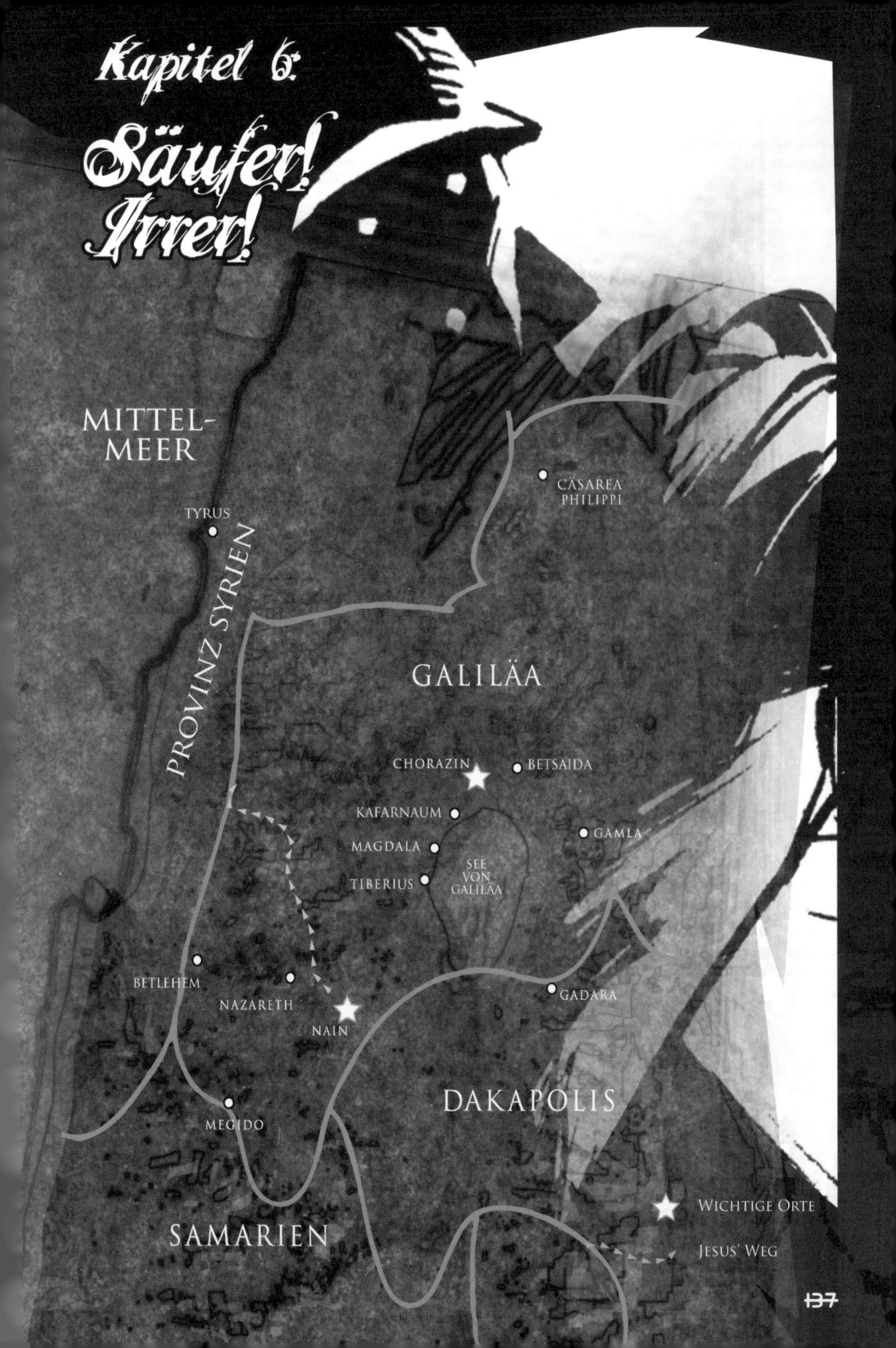
MITTEL-
MEER
TYRUS
PROVINZ SYRIEN
CÄSAREA
PHILIPPI
GALILÄA
CHORAZIN
BETSAIDA
KAFARNAUM
MAGDALA
TIBERIUS
SEE
VON
GALILÄA
GAMLA
BETLEHEM
NAZARETH
NAIN
GADARA
MEGIDO
DAKAPOLIS
SAMARIEN
WICHTIGE ORTE
JESUS' WEG

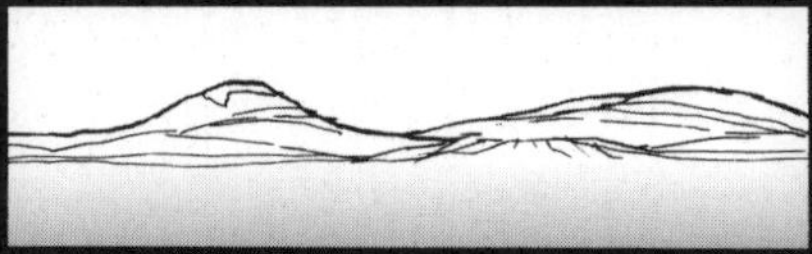

„KEPHAS…“
„JA, MEISTER?“

BEGRÜSSEN WIR UNSER PUBLIKUM!
SAG, KEPHAS…
WAS IST, ISCHARIOT?
DA ICH NEU BIN… WAS WEISST DU ÜBER DIE ANDEREN?
TJA, DAS SIND JAKOBUS UND JOHANNES, DER RABBI NENNT SIE DIE DONNER-JUNGS.
DAS IST MEIN BRUDER ANDREAS. WIR VIER WAREN FISCHER IN KAFARNAUM.
DAS IST PHILIPPUS.
NATANAEL. MANCHMAL NENNEN WIR IHN BARTHOLOMÄUS.
MATTHÄUS WAR ZÖLLNER.
THOMAS, DER ZWILLING.
KLEIN JAKOBUS.
THADDÄUS.
UND DER GEHEIMNISVOLLE SIMON. EIN ZELOTISCHER EXTREMIST… DENKEN WIR.
UND DU, ISCHARIOT, WAS IST MIT DIR?
MIT MIR? ICH BIN NUR EIN BUCHHALTER, MANN.

UND WAS IST MIT DEN FRAUEN?
MAGDALENA.
DER MEISTER BEFREITE SIE VON SIEBEN TEUFELN.
MAN WOLLTE SIE ZUR SCHAU STELLEN... ER LIESS DAS NICHT ZU.
ALSO, DA SIND MAGDALENA...
JOHANNA, FRAU DES CHUZAS, HERODES' SCHATZMEISTER.
SUSANNA, FRAU DES BERÜHMTEN ZEBEDÄUS. SIE ALLE DIENEN DEM MEISTER MIT IHREM VERMÖGEN.

„INSGESAMT SIND WIR 72.“
„NICHT EINGERECHNET DIE MASSEN, DIE SICH UNS ANSCHLIES-SEN VON DORF ZU DORF…“
„… VON ORT ZU ORT.“
„… VON STADT ZU STADT.“

AUF DER EBENE VON ESDRAELON, 25 MEILEN SÜDWESTLICH VON KAFARNAUM, LIEGT DIE STADT NAIN...

EINE LEICHENPROZESSION.
FRIEDE.
WARTET! WO SIND SEINE HINTERBLIEBENEN?
ICH BIN SEINE MUTTER UND EINE WITWE.
ER WAR MEIN EINZIGER SOHN.
WEINE NICHT. DEIN SOHN IST LEBENDIG!
JUNGER MANN, ICH BEFEHLE DIR: STEH AUF!

GAASSSPP
ICH BIN AM VERHUNGERN!

SOHN!
OH MEIN GOTT!
WER IST DIESER MANN?
EHRE SEI GOTT.
SOGAR DER TOD GEHORCHT IHM!
WAHNSINN!
DANKE, PROPHET VON GOTT.
GOTT HAT UNSER DORF BESUCHT!
GELOBT SEI DER HERR!
ÄHEM!

WOHER WISSEN WIR, DASS DIES VON GOTT KOMMT?
RABBI JESUS?
JA?
WIR HABEN EINE NACHRICHT VON UNSEREM MEISTER, DEM TÄUFER.

ER FRAGT: „BIST DU DER, DER KOMMEN SOLL?“
EINE NACHRICHT, HM?
HIER IST MEINE BOTSCHAFT AN JOHANNES.
DU KANNST SEHEN!
DU MIT DER HAND!
MIT WELCHER HAND?
ICH GLAUBE, ER MEINT DIE NEUE HAND, DIE DIR SOEBEN GEWACHSEN IST…

DIE BLINDEN SEHEN.
OH MEIN GOTT!
DIE LAHMEN GEHEN.
DIE AUSSÄTZIGEN WERDEN REIN.
OH MEIN GOTT!
DIE TAUBEN HÖREN.
UND DIE TOTEN STEHEN AUF.
OH MEIN GOTT!
ALL DIES UND DAS EVANGELIUM WIRD VERKÜNDET! SAGT JOHANNES DAS.
SELIG IST, WER AN MIR KEINEN ANSTOSS NIMMT.
JA, GROSSER PROPHET.

ALSO, WER IST DIESER **JOHANNES**, DEN IHR IN DER WÜSTE SEHEN WOLLTET? EIN SCHILFROHR, DAS IM WIND **SCHWANKTE**?
ODER WOLLTET IHR EINEN MANN IN FEINER KLEIDUNG SEHEN?
NEIN! **LEUTE**, DIE VORNEHM GEKLEIDET SIND UND ÜPPIG LEBEN, FINDET MAN IN PALÄSTEN, NICHT IN DER WÜSTE.
WENN IHR NACH EINEM PROPHETEN GESUCHT HABT, SO FANDET IHR IHN IN JOHANNES. JA, IHR HABT SOGAR **MEHR** GESEHEN ALS EINEN **PROPHETEN**. UNTER ALLEN MENSCHEN GIBT ES KEINEN GRÖSSEREN ALS JOHANNES. DOCH DER **KLEINSTE** IM REICH GOTTES IST GRÖSSER ALS ER.
WIR WURDEN **GETAUFT** VON JOHANNES, DESHALB GLAUBEN WIR DIR, PROPHET.
NUR GOTT KONNTE SICH SO EINEN **GROSSARTIGEN** PLAN AUSDENKEN.
UNSINN!
DIESER **VIELFRASS** UND **SÄUFER** IST BESESSEN. ÜBER IHN IST DAS LETZTE WORT NOCH NICHT GESPROCHEN.

MIT WEM SOLL ICH DIE MENSCHEN DIESER GENERATION VERGLEICHEN?
AHHH… JA, SIE SIND WIE KINDER, DIE AUF DEM MARKTPLATZ SITZEN UND EINANDER ZURUFEN: „WIR HABEN FÜR EUCH HOCHZEITSLIEDER GESPIELT, UND IHR HABT NICHT GETANZT. WIR HABEN KLAGELIEDER GESUNGEN, UND IHR HABT NICHT GEWEINT!“
JOHANNES IST GEKOMMEN, ER ISST KEIN BROT UND TRINKT KEINEN WEIN, UND IHR NANNTET IHN EINEN IRREN! DANN BIN ICH GEKOMMEN, HABE GEGESSEN UND GETRUNKEN, UND DARAUF SAGT IHR: „DIESER SÄUFER IST EIN FREUND DER ZÖLLNER UND SÜNDER.“

SEHT! DIE LEUTE SIND **VERHEXT!**
ICH SAGTE DOCH, ER IST BESESSEN. ICH HÖRE, ER HAT TATTOOS. TATTOOS, ERFÜLLT VON TEUFLISCHER MACHT.
ER SOLL IN ÄGYPTEN AUFGEWACHSEN SEIN! MEINT IHR, DAHER RÜHRT SEINE MACHT?
ICH WERDE DEM RAT BERICHTEN, DASS DIESER **ZAUBERER STERBEN** MUSS.
MEINE REDE!
NUR EINES NOCH: BEI ALL DIESEN WUNDERN… WAS, WENN SIE DOCH VON **GOTT** KAMEN?

KAJAPHAS' PALAST, JERUSALEM…
GALILÄA WURDE VON DIESEM KERL **VERHEXT**. WENN IHR DACHTET, JOHANNES WÄRE SUSPEKT, DANN IST DIESER KNABE EINE KLASSE FÜR SICH. ER WIRD UNS **STÜRZEN!**
MEINE **HERODISCHEN** UND **PHARISÄISCHEN** BRÜDER, BERUHIGT EUCH. WIR SIND HIER, UM DIESE SACHE AUS DER WELT ZU SCHAFFEN.
WAS FÜHRT DIESER MANN IM SCHILDE?
WER WEISS? SIEHT AUS, ALS WÜRDE ER EINE ARMEE AUFSTELLEN.
ICH DACHTE, WIR WOLLTEN BERATEN, WIE MAN DIESEN **IRREN** TÖTEN KANN!?
IN GALILÄA LIEGT EIN **AUFSTAND** IN DER LUFT, ANGE-ZETTELT VON DIESEM KERL.
ER IST EIN MANN DES FRIEDENS. ICH MAHNE ZU GE-DULD UND KÜH-LEM KOPF.
GUT, **NIKODEMUS**. WIR MACHEN ES SO, WIE DU SAGST. FÜRS ERSTE WARTEN WIR AB.

NAIN…
LASSEN WIR ES UNS GUT GEHEN, ODER WAS?
WIR STEHEN AN DER SPITZE EINER REVOLUTION! IN DER ERSTEN REIHE!
ICH FRAGE MICH, WER UNTER UNS DER GRÖSSTE IST.
ICH DENKE, DU SOLLTEST UNS FÜHREN, KEPHAS.
WIESO GERADE KEPHAS? WARUM NICHT JOHANNES ODER SIMON?
WÄRE ICH ANFÜHRER, WÜRDE ICH DEN MEISTER DAZU BRINGEN, KLARTEXT ZU REDEN.
HEY! ICH WAR DER ERSTE HIER. ICH SOLLTE DER GRÖSSTE SEIN.
MEINST DU NICHT, DASS DU DAFÜR ETWAS ZU JUNG BIST?
HEY, JOHANNES, ICH WAR DER ERSTE JÜNGER, NICHT DU!

SEI STILL, ANDREAS! HÖR AUF MIT DIESER ALTEN LEIER!
LASS MEINEN BRUDER IN RUHE! WIR HABEN FÜR DIESE BEWEGUNG UNSER GESCHÄFT AUFGEGEBEN.
OH, KEPHAS SPRICHT! DIE KOALITION DER WILLIGEN: KEPHAS, ANDREAS UND DIE DONNER-JUNGS. DIE AUSERWÄHL-TEN!
DAS HIER IST WOHL EINE FRÜHLINGS-ROLLE.
...
...
...
...
HE, NATANAEL, GIBST DU MIR DAS SALZ?
HA, HA, HA, HA!
HA, HA, HA, HA!
HMMM, DAS IST KÖST-LICH.
GENAU.

ZU BETT LEGE."

„HÖRT ZU! WENN MORGEN FRÜH DIE MENGE NACH MIR RUFT, WERDE ICH NICHT HIER SEIN.“
„ICH SENDE EUCH IN PAAREN AUS UND GEBE EUCH DIE VOLLMACHT…“
„… DÄMONEN AUSZUTREIBEN UND KRANKE ZU HEILEN.“
„VERKÜNDET DAS REICH GOTTES UND HEILT DIE KRANKEN.“
„NEHMT NICHTS MIT EUCH: KEINEN STOCK, KEINEN BEUTEL, KEIN BROT, KEIN GELD UND KEIN ZWEITES HEMD.“
„KEINE ANGST! ES WIRD FÜR EUCH GESORGT.“
„DANACH TREFFEN WIR UNS IN KAFARNAUM UND ZIEHEN WEITER NACH BETSAIDA.“
MAMA, SCHAU. RABBI JESUS!

JUHU!
IHR SEID EIN ERFREULICHER ANBLICK.
WIR HÖRTEN VON DEN GROSSEN MASSEN, DIE DIR ÜBERALLHIN FOL-GEN, RABBI.
ES HEISST, DU SEIST GRÖSSER ALS JOHANNES, MEISTER.
„DARUM BIN ICH HIER. ICH MUSS MICH VON DEN GROSSEN MASSEN ERHOLEN. AUSSER MEINEN JÜNGERN WEISS NIEMAND, DASS ICH HIER BIN.“

MEISTER! IRGENDWIE HABEN DIE MENSCHEN ERFAHREN, DASS DU HIER BIST.
GROSSER PROPHET!
ENTSCHULDIGE, WIR HÖRTEN, DU WÄRST HIER. ICH BRAUCHE DEINE HILFE.
WAS IST LOS?
ICH BIN KEINE JÜDIN, SONDERN GRIECHIN. SYROPHÖNIZIERIN VON GEBURT. MEINE TOCHTER IST BESESSEN VON EINEM DÄMON. ICH FLEHE DICH AN, TREIB IHN AUS.

„LASS ZUERST DIE **KINDER** SATT WERDEN, DENN ES IST NICHT RECHT, DAS BROT DEN KINDERN WEGZUNEHMEN UND DEN **HUNDEN** VORZUWERFEN."
„JA, MEISTER, ABER AUCH FÜR DIE HUNDE UNTER DEM TISCH FÄLLT ETWAS VON DEM AB, WAS DIE KINDER ESSEN."
„WEIL DU DAS GESAGT HAST, SAGE ICH DIR: ‚GEH NACH HAUSE. DER **DÄMON** HAT DEINE TOCHTER VERLASSEN.'"

LUCIA!
MAMA!
LUCIA WURDE GEHEILT.
VON WEM...?
VON EINEM JÜDISCHEN SEHER NAMENS JESUS.
Papa liebt mich
UG...
UGGGH...
ARGGGH!

Kapitel 7:
Schwer ist die Krone

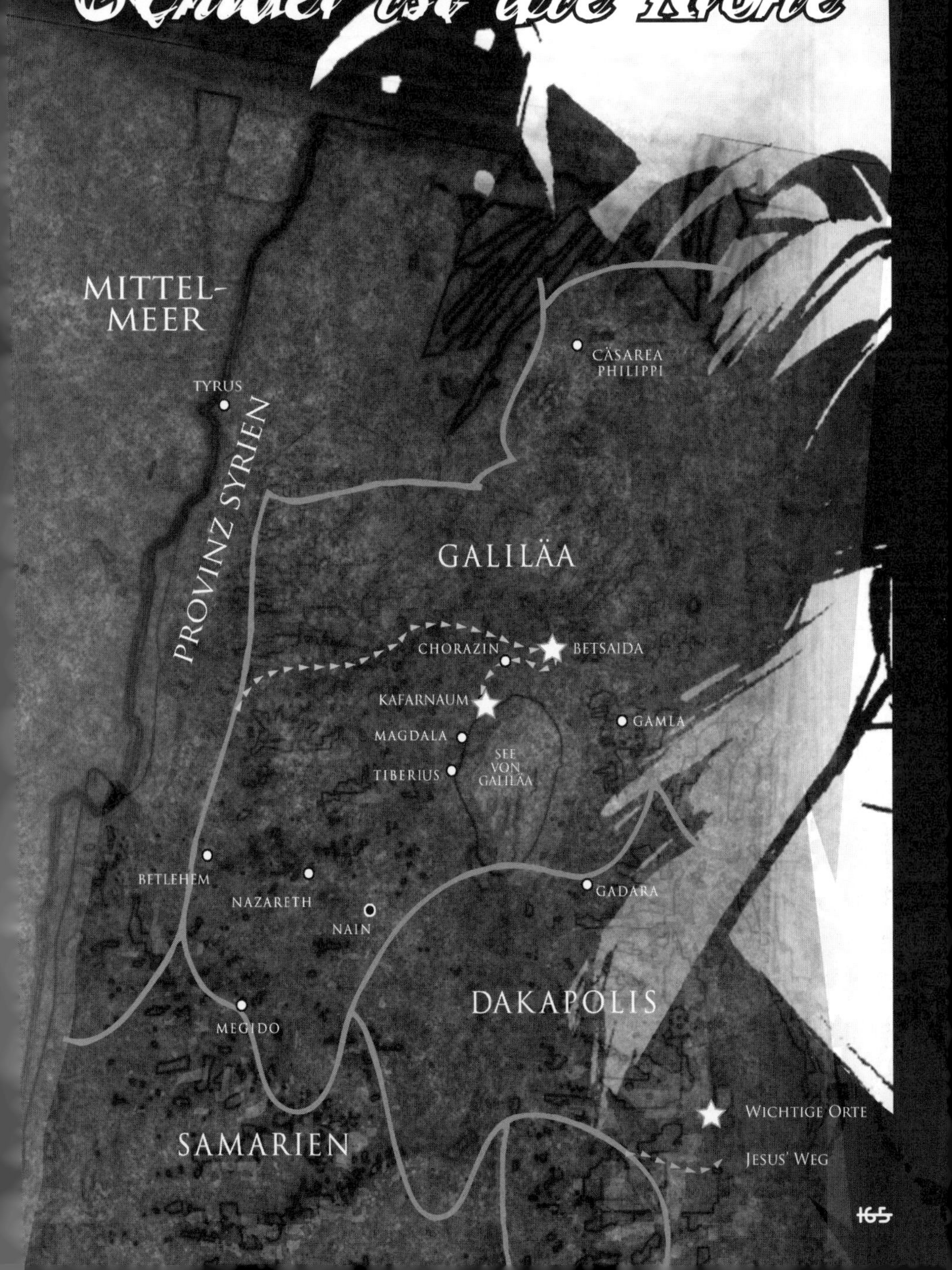

FESTUNG VON TIBERIAS...
INN
GASTHAUS
FRIEDE, CHUZA.
FRIEDE, LEUTE. GEHEN WIR REIN.
GASTHAUS

ARABISCHEN TEE BITTE.
ICH HABE SCHLECHTE NEUIGKEITEN.
EUER RABBI, JOHANNES DER TÄUFER, IST TOT.

WAS? DU SAGTEST, SEIN LEBEN WÄRE IN ANTIPAS' KERKER NICHT IN GEFAHR.
JA, DAS SAGTE ICH. ANTIPAS WOLLTE SEINEN TOD NICHT. ER FÜRCHTETE SICH VOR DEM PÖBEL!
UND WAS IST PASSIERT?
STEHT ALLES HIER. MAN WIRD EUCH ERLAUBEN, JOHANNES' LEICHNAM ZU HOLEN.
EUCH WIRD NICHTS GESCHEHEN.

„DER MEISTER WIRD VOR DER KÜSTE VON BETSAIDA SEIN, WO ER SICH MIT SEINEN ZWÖLF JÜNGERN TRIFFT.“
„ER WIRD PREDIGEN.“
„WENN IHR EUCH ZEIGT…“
„… WIRD ER EUCH ERKENNEN.“
WIR HABEN NEUIGKEITEN VON JOHANNES!
ICH KOMME AN LAND.
EINER SEINER SCHÜLER BRACHTE UNS DIE NACHRICHT VON SEINEM TOD.
IHR MEINT CHUZA, ANTIPAS' SCHATZMEISTER?
JA, RABBI.
WIE IST ER GESTORBEN?
STEHT ALLES IN DIESEM PERGAMENT.
LEST ES MIR VOR.

„ES WAR HERODES ANTIPAS' GEBURTSTAG. EIN DENKWÜRDIGER TAG."
„ALLE HOHEN BEAMTEN WAREN DA."
„GUTES ESSEN, IMPORTIERTER WEIN, BERÜHMTE KÜNSTLER."

„HÖHEPUNKT WAR EIN EROTISCHER TANZ VON SALOME, HERODIAS‘ TOCHTER AUS EINER FRÜHEREN EHE.“
„ANTIPAS WAR WIE VON SINNEN.“

BRAVO
CLAP
CLAP
WÜNSCH DIR, WAS DU WILLST: DIE HÄLFTE MEINES KÖNIGREICHS, ICH WERDE ES DIR GEBEN.
WAS SOLL ICH TUN, MAMA?
SAG IHM, DU WÜNSCHST DIR…
… DEN KOPF DES TÄUFERS!
…
SCHACH-MATT!
FREU DICH, TÄUFER…
„DU WIRST ZUM HELDEN.“

DANKE, LEUTE.
WAS HAT DER MEISTER?
ER WILL ALLEIN SEIN. WIR FOLGEN IHM IN EINIGER ENTFER-NUNG.

DORT IST ER!

SEUFZ. DAS VOLK BRAUCHT MICH. ICH KANN DIE LEUTE NICHT HÄNGEN LASSEN.
OFFENBAR HAT DER MEISTER SEINE MEINUNG GEÄNDERT.

PHILIPPUS, WOHER NEHMEN WIR DAS BROT, DAMIT DIE LEUTE ZU ESSEN HABEN?
MEISTER, ES WIRD EIN VERMÖGEN KOSTEN, DIESE MENGE ZU VERPFLEGEN.
WAS HABEN WIR DENN?
DIESER JUNGE HAT FÜNF GERSTENBROTE UND ZWEI FISCHE, MEISTER.

SCHON GUT, ANDREAS. ICH WOLLTE EUCH NUR AUF DIE PROBE STELLEN. LASST DIE LEUTE SICH SETZEN.
VATER IM HIMMEL, DEIN REICH...
... KOMME!
aa!

DAS IST WIRKLICH DER PROPHET, DEN MOSES ALS RETTER VON ISRAEL ANGEKÜNDIGT HAT!
BURRP
WARUM MACHEN WIR IHN NICHT AUF DER STELLE ZUM KÖNIG?
ERGREIFT IHN!
HEIL, KÖNIG VON ISRAEL!
JESUS, KÖNIG VON ISRAEL!
LANG LEBE DER KÖNIG! EHRE SEI GOTT!
Yaa!

KÖNIG JESUS!
SOHN VON DAVID!
!
WAS HAT DER MEISTER VOR?
„IST DAS NICHT OFFENSICHTLICH?“
„ER WILL NICHT KÖNIG SEIN!“
„DU HAST VERMUTLICH RECHT, JOHANNES.“
„JEDENFALLS NICHT SO.“

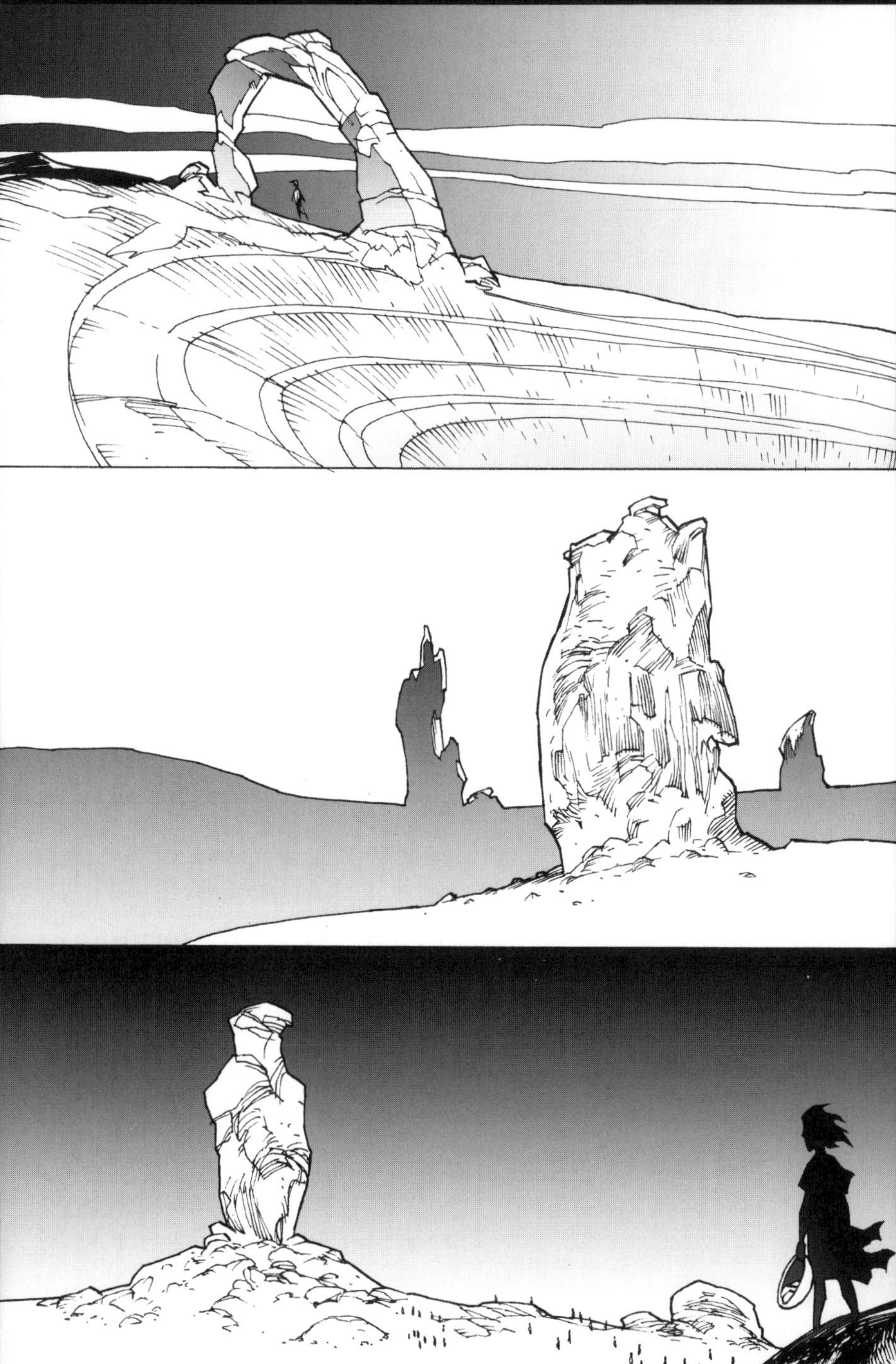

JOHAN-
NES.
JOHANNES,
ER KOMMT HEUTE
NICHT ZURÜCK. LASST
UNS ZURÜCK NACH
KAFARNAUM GEHEN.
ER WIRD UNS DORT
TREFFEN.

14.55 UHR…
WAS, ZUM TEUFEL, IST DAS?

AAARRRGGH!
WAS IST DAS?
WAS IST WAS?
DAS!
AAARRRGGH!
EIN GEIST!
ICH BIN ES!
WIR WERDEN STERBEN!

JUNGS, ES IST DER MEISTER!
MEISTER!
MEISTER!
LASST UNS NACH HAUSE GEHEN.
KAFARNAUM...
WOW! WIE SIND WIR HIERHERGEKOMMEN?

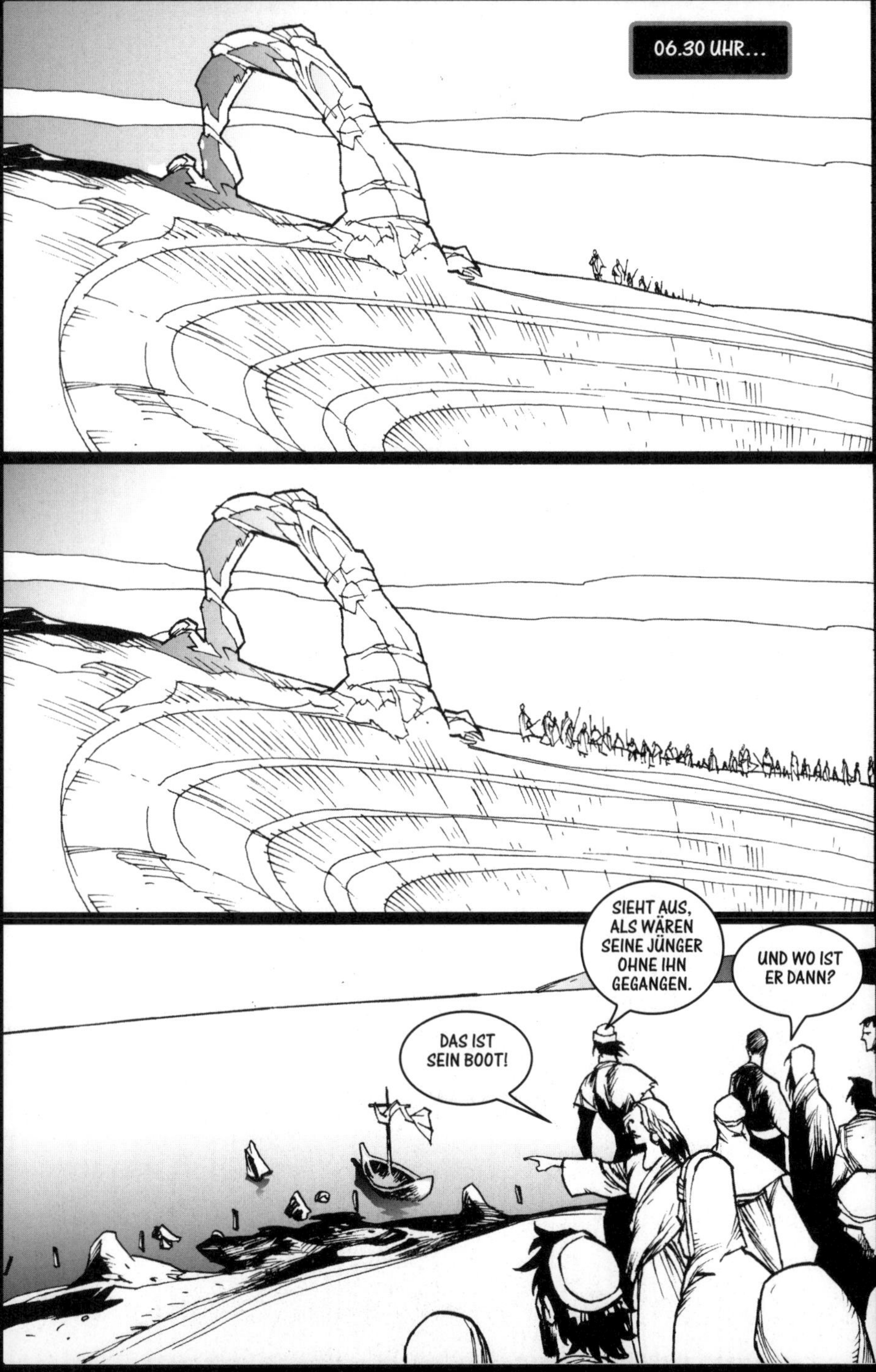
06.30 UHR…
SIEHT AUS, ALS WÄREN SEINE JÜNGER OHNE IHN GEGANGEN.
UND WO IST ER DANN?
DAS IST SEIN BOOT!

WAS IST DAS? DIE LEUTE AUS TIBERIAS SUCHEN AUCH NACH DEM RABBI.
GUTEN MORGEN. HABT IHR DEN RABBI GESEHEN?
NEIN, ER IST GESTERN GEGANGEN UND NICHT ZURÜCKGE-KEHRT.
AUF UNSEREM WEG VON TIBERIAS WAR ER AUCH NICHT.
ALS WÄREN SIE VER-SCHWUNDEN!
GEHEN WIR NACH KAFARNAUM. DORT LEBT ER DOCH, ODER?

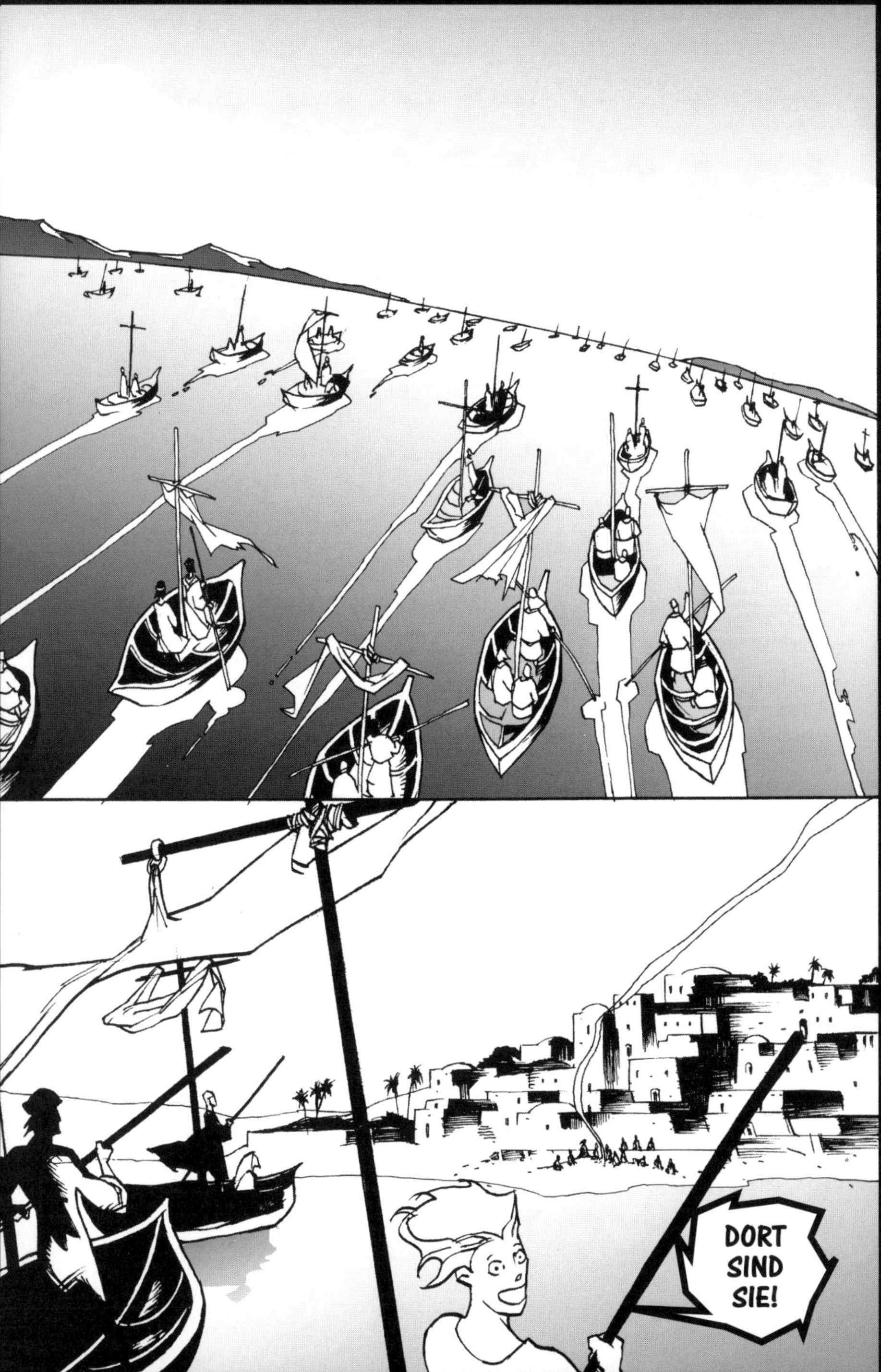
DORT SIND SIE!

RABBI, WANN BIST DU HIERHERGE-KOMMEN?
IHR SUCHT MICH NICHT...
... WEIL IHR ZEICHEN GESEHEN HABT, SONDERN WEIL IHR VON DEN BROTEN GEGES-SEN HABT...
... UND SATT GEWORDEN SEID.
MÜHT EUCH NICHT FÜR DIE SPEISE, DIE **VERDIRBT**, SON-DERN FÜR DIE SPEISE...
... DIE FÜR DAS EWIGE LEBEN BLEIBT UND DIE ICH EUCH GEBEN WERDE.
WAS MÜSSEN WIR TUN?
AN DEN GLAUBEN, DEN **GOTT** GESANDT HAT.
MEIN VATER GIBT EUCH DAS **WAHRE BROT VOM HIMMEL**. IHR WERDET NIE WIEDER HUNGERN ODER DÜRSTEN.
HERR, GIB UNS IMMER DIESES BROT!

ICH BIN DAS BROT…
… DES LEBENS, DAS VOM HIMMEL HERABGEKOMMEN IST!
IST DAS NICHT JOSEFS SOHN? WIE KANN ER SAGEN, ER WÄRE VOM HIMMEL HERABGEKOMMEN?
HEY, ICH KENNE SEINE MUTTER. ER KOMMT NICHT VOM HIMMEL!
JA, ICH BIN DAS BROT DES LEBENS!
MOSES UND EURE VORFAHREN HABEN IN DER WÜSTE DAS MANNA GEGESSEN UND SIND ALLE DORT IN DER WÜSTE GESTORBEN!
?
ABER DIESES BROT VOM HIMMEL IST MEIN FLEISCH.
WER VON DIESEM BROT ISST, WIRD LEBEN. ICH WERDE IHN AM LETZTEN TAG AUFERWECKEN.
WENN IHR MEIN FLEISCH NICHT ESST UND MEIN BLUT NICHT TRINKT, HABT IHR DAS EWIGE LEBEN NICHT IN EUCH. NEHMT IHR DARAN ANSTOSS?

ER HAT DEN VERSTAND VERLOREN!
KEIN WUNDER! ICH HÖRTE, ER SEI IN ÄGYPTEN AUFGEWACH-SEN.
MAMA...
DEIN FLEISCH ESSEN? WIDER-LICH!

WOLLT AUCH IHR WEGGEHEN?
HERR, ZU WEM SOLLEN WIR GEHEN? NUR DU HAST WORTE, DIE EWIGES LEBEN SCHENKEN. WIR GLAUBEN DIESE WORTE, UND WIR GLAUBEN, DU BIST DER HEILIGE GOTTES.
JA, KEPHAS, ICH HABE EUCH ZWÖLF ERWÄHLT…
… ABER EINER VON EUCH IST EIN TEUFEL!

WAS HATTE DAS ZU BEDEU-TEN?
MEINST DU, ALS DER HERR DIE MENGE MIT SEINER FLEISCHPREDIGT ABSICHTLICH ER-ZÜRNTE…
… ODER SEIN VERSAGEN, SICH DIE KRONE AUFZUSET-ZEN, DIE IHM ZUSTAND?
HÜTE DEINE ZUNGE, ISCHARIOT!
ICH SPRECHE NUR AUS, WAS IHR ALLE DENKT! WIR STANDEN KURZ VOR EINER NEUEN DYNASTIE, DIE RÖMER VERJAGT AUS UNSEREM LAND. ABER DER MEISTER HAT ES VER-MASSELT!
DU REDEST VON EINER BLU-TIGEN REVOLU-TION, ISCHARIOT. ICH GLAUBE NICHT, DASS ER DAS PLANT.
ICH WEISS, WAS DU MEINST, SIMON…

„WIR WISSEN IMMER NOCH NICHT, WER ER IST."
FÜR WEN HALTEN DIE MENSCHEN MICH?
DIE EINEN FÜR JOHANNES DEN TÄUFER...
... ANDERE FÜR ELIJA...
... WIEDER ANDERE FÜR JEREMIA ODER SONST EINEN PROPHETEN.
UND FÜR WEN HALTET IHR MICH?
DU BIST DER MESSIAS, DER SOHN DES LEBENDIGEN GOTTES.
„SELIG BIST DU, SIMON BARJONA..."
„... DENN NICHT FLEISCH UND BLUT HABEN DIR DAS OFFENBART..."
„... SONDERN MEIN VATER IM HIMMEL."
WIR SIND FAST DA, JUNGS.

...
ELIJA UND MOSES SIND BEIM MEISTER.
KRASS!

DAS IST MEIN GELIEBTER SOHN.
AUF IHN SOLLT IHR HÖREN.
KEINE PANIK, JUNGS. ALLES IST GUT.
UND NUN GEHEN WIR NACH JERUSALEM.

„MEISTER, WARUM SAGEN DIE SCHRIFTGELEHRTEN, ELIJA MÜSSE VOR DEM MESSIAS KOMMEN?"
„ELIJA KAM WIRKLICH UND STELLTE ALLES WIEDER HER. ABER SIE HABEN IHN NICHT ERKANNT."
„WIE IHRE VORFAHREN, DIE DIE PROPHETEN VON EINST TÖTETEN, HABEN SIE IHN ERMORDET."
„SIE WERDEN AUCH MICH MIT VERACHTUNG BEHAN-DELN. ICH MUSS DURCH SIE VIELES ERLEIDEN UND WERDE GETÖTET."
„O JERUSALEM, JERUSALEM, DU TÖTEST DIE PROPHETEN UND STEINIGST DIE BOTEN, DIE ZU DIR GESANDT SIND!"
„WIE OFT WOLLTE ICH DEINE KINDER UM MICH SAMMELN, SO WIE EINE HENNE IHRE KÜKEN UNTER IHRE FLÜGEL NIMMT, DOCH IHR HABT NICHT GEWOLLT."
„DARUM WIRD EUER HAUS VON GOTT VERLASSEN. O JERUSALEM, JERUSALEM, ICH TRAUERE UM DICH, O JERUSALEM."
Siku

Kapitel 8:

Blut auf dem Tempelboden!

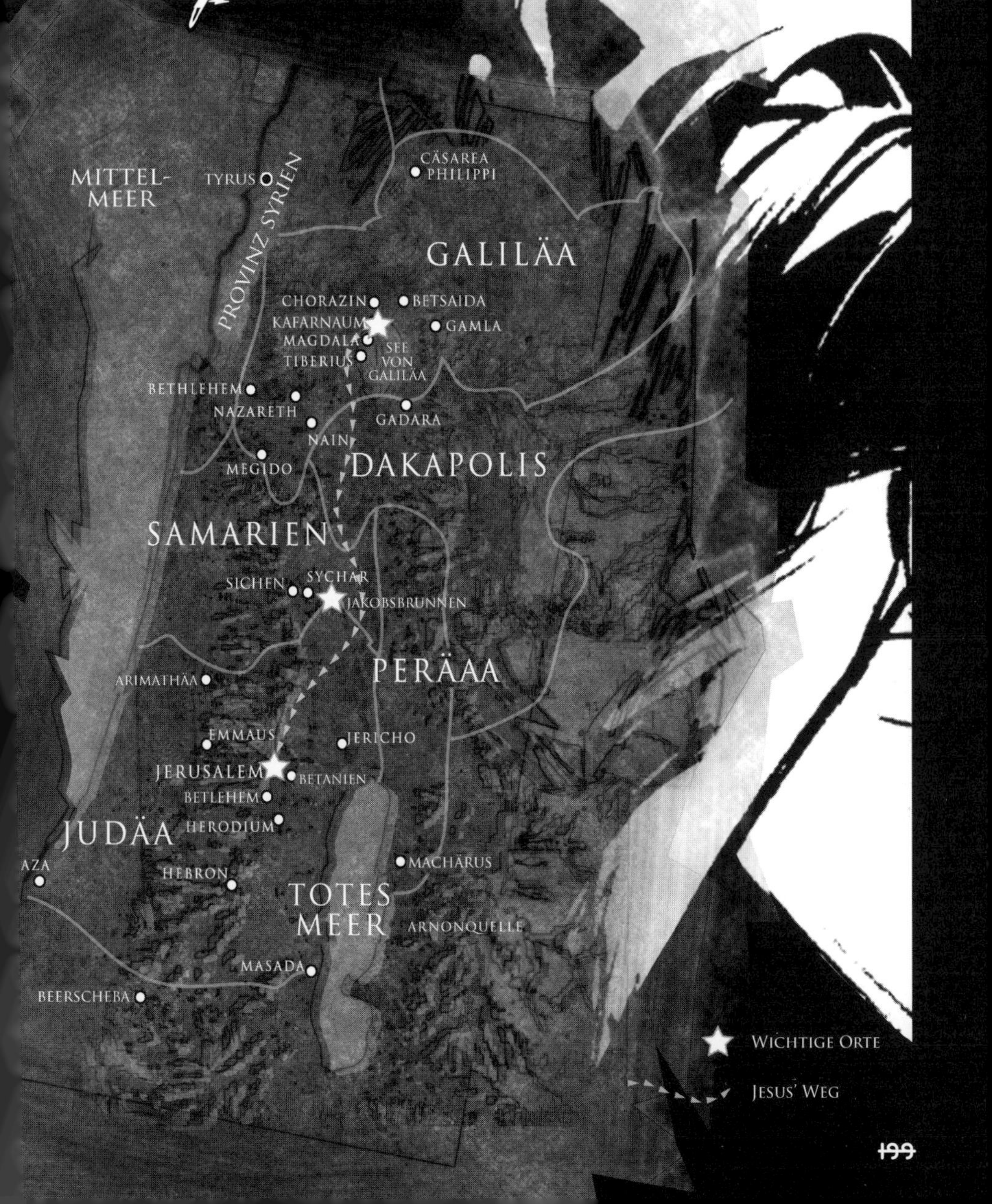

UND DIE ATTENTÄTER, DIE MICH TÖTEN WOLLEN?
SIE NENNEN SICH DIE **GALILÄER**, PRÄFEKT.
SIE SIND **JETZT** IM TEMPEL, GETARNT ALS GLÄUBIGE MIT OPFERGABEN, PRÄFEKT PILATUS.
ERGREIFT SIE!
AUS DEM WEG!
OH!

WIR WURDEN VERRATEN. UNSERE TARNUNG IST AUFGEFLOGEN!
ARRGGH!
CRASHH!
URRGH!

SKINTZ
PUT
PUT
PUT

GUTEN MORGEN, ARIEL. AN DIE ARBEIT, WAS?
ES IST PASCHAFEST, UND - ÜBER-RASCHUNG! - ÜBERALL FLIESST BLUT.

ES MACHT MIR NICHTS AUS, TIERKADAVER WEGZURÄUMEN…
… ABER DIE MENSCHLICHEN GLIEDMASSEN GEHEN MIR AN DIE NIEREN.
KEINER SCHERT SICH DARUM, DASS WIR NACH IHREN WUTANFÄLLEN SAUBER MACHEN MÜSSEN. WIR SIND BLOSS LEVITEN!
DIESER ORT WAR DAZU BESTIMMT, DER HEILIGSTE PLATZ AUF ERDEN ZU SEIN. DAS HEISST: KEIN MENSCHLICHES BLUTVERGIESSEN.
HAT WOHL NICHT GANZ HINGEHAUEN. AUF DIESEN STUFEN LIESS ARCHELAOS DREITAUSEND PILGER TÖTEN.
IM VORHOF DER ISRAELITEN TÖTETEN SICARII POLITISCHE FEINDE.
SIEHST DU DA DRÜBEN, VOR DEN STUFEN DER BURG ANTONIA? … DORT BEGANN DAS MASSAKER AN DEN GALILÄERN.
EIN WEITERES PASCHAFEST, EIN WEITERES BLUTVERGIESSEN. SEUFZ… GUTE NACHT, ARIEL.
NACHT, HERR.

GUTEN MORGEN, SOHN. NOCH ÜBEL VON GESTERN?
UGH! MIR IST NOCH SCHLECHT.
HA, HA, HA. KEINE SORGE! DARAN GEWÖHNST DU DICH.
DIE GANZE WELT LIEGT IHM ZU FÜSSEN!
WIR HABEN VERLOREN! DIE GANZE WELT LIEGT IHM ZU FÜSSEN!
AH, DER HOHEPRIESTER KAJAPHAS.
MAL SEHEN, WAS LOS IST.

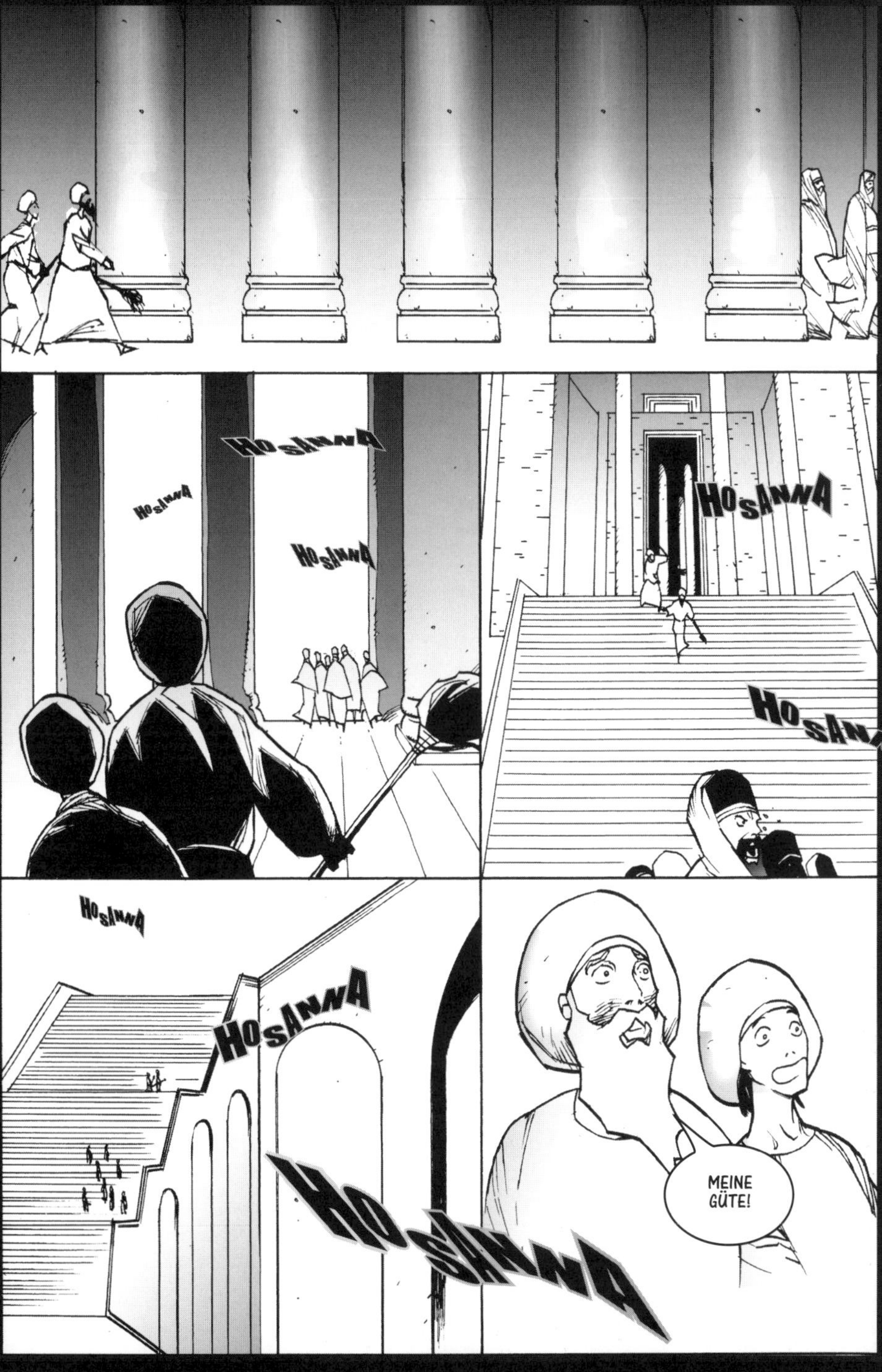
HOSANNA
HOSANNA
HOSANNA
HOSANNA
HOSANNA
HOSANNA
HOSANNA
HOSANNA
MEINE GÜTE!

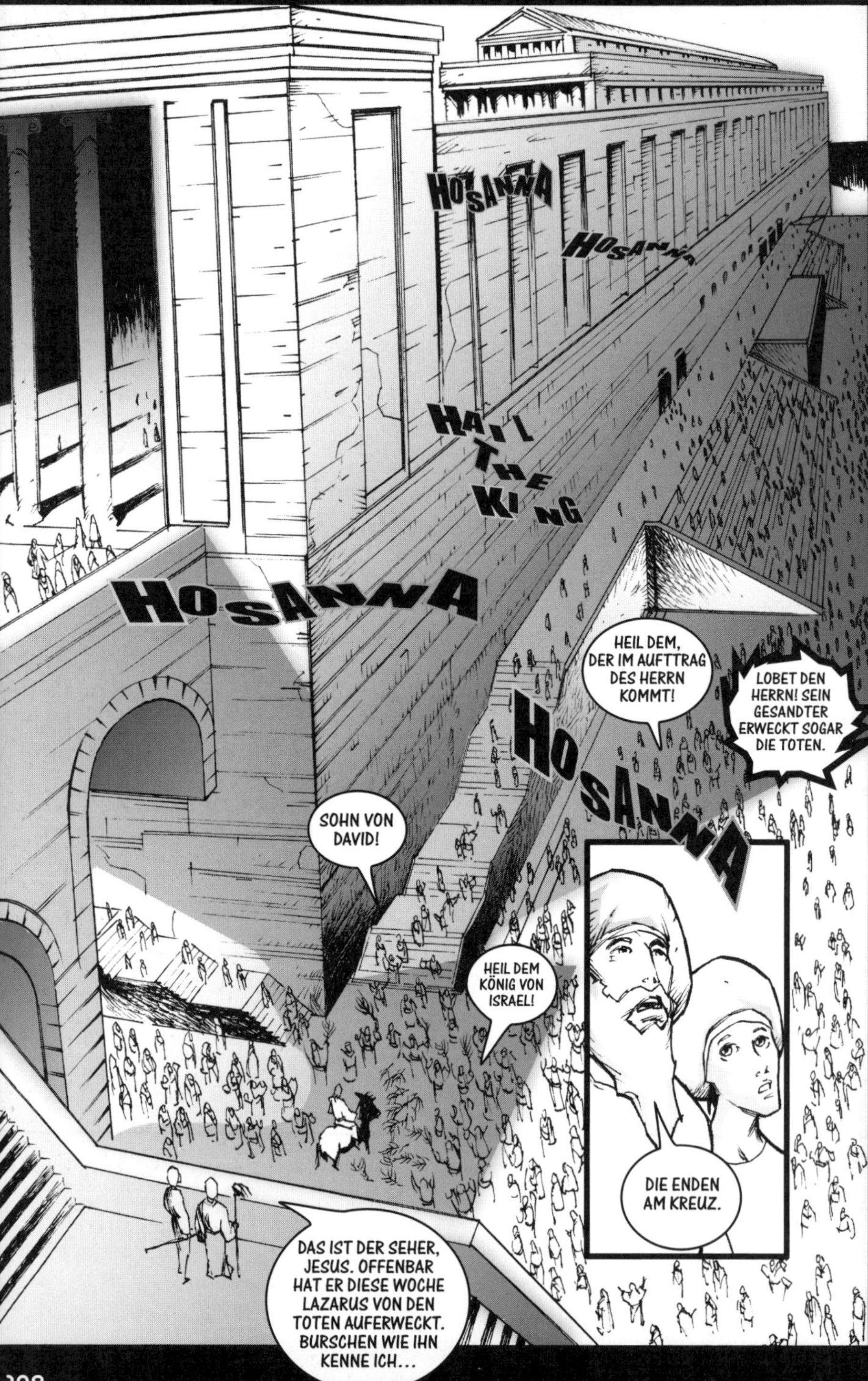
HOSANNA
HOSANNA
HAIL THE KING
HOSANNA
HEIL DEM, DER IM AUFTTRAG DES HERRN KOMMT!
LOBET DEN HERRN! SEIN GESANDTER ERWECKT SOGAR DIE TOTEN.
HOSANNA
SOHN VON DAVID!
HEIL DEM KÖNIG VON ISRAEL!
DIE ENDEN AM KREUZ.
DAS IST DER SEHER, JESUS. OFFENBAR HAT ER DIESE WOCHE LAZARUS VON DEN TOTEN AUFERWECKT. BURSCHEN WIE IHN KENNE ICH…

DU…!

CRASHH!
WAS NUN?
BANG!

WAS, IN JUPITERS NAMEN, IST DAS FÜR EIN LÄRM?
NUR EIN STREIT UNTER JUDEN, HERR. GEHT UNS NICHTS AN.
CRASH!!
WAS, ZUM...
OH MANN, ER HAT ES WIEDER GETAN!

SCHERT EUCH RAUS!
CRASHH!

IN DER SCHRIFT HEISST ES: „MEIN HAUS SOLL EIN HAUS DES GEBETES FÜR ALLE VÖLKER SEIN!“
IHR ABER HABT DARAUS EINE RÄUBERHÖHLE GEMACHT!
NUN BRINGT DIE KRANKEN ZU MIR!
COOL.

VOR DREI JAHREN HAT ER DASSELBE GETAN.
DAS HÄTTEST DU SEHEN SOLLEN. HAT SIE HOCHKANTIG RAUSGEWORFEN!
ES WAR UNGLAUBLICH!
HOSIANNA!
HOSIANNA!
HOSIANNA!
DER SANHEDRIN WURDE HEUTE AUF FRISCHER TAT ERTAPPT. MORGEN WIRD MAN VORBEREITET SEIN. IM TEMPEL WIRD BLUT FLIESSEN, KOLLEGE!

„VERZEIHT DIESE ÜBERSTÜRZTE SITZUNG DES SANHEDRIN. DAS UNS VORLIEGENDE PROBLEM IST…“
„WIE VERFAHREN WIR MIT DIESEM GALILÄER?“
„WIR KÖNNEN NICHT ZUSEHEN, WIE DIESER MANN UNSER VOLK INS VERDERBEN STÜRZT. DIESER EINE MANN MUSS FÜR DAS VOLK STERBEN.“
„ABER WIR KÖNNEN IHN NICHT ÖFFENTLICH FESTNEHMEN. DAS GÄBE EINEN AUFRUHR.“
„WAS TUN WIR DANN, KAJAPHAS?“
„WENN WIR IHN IN DER ÖFFENTLICHKEIT BLOSSSTELLEN UND SEIN ANSEHEN SCHMÄLERN KÖNNEN, WÄRE EINE FESTNAHME MÖGLICH.“
„ICH EMPFEHLE EINEN DREIFACHANGRIFF.“
„WIR STELLEN IHM ÖFFENTLICH EINE FALLE MIT DREI VERSCHIEDENEN, UNZUGÄNGLICHEN, UNLÖSBAREN UND STRITTIGEN FRAGEN… GESTELLT VON GELEHRTEN.“

„IST DER ANTRAG ANGENOMMEN?“
„JA.“
„JA.“
„JA.“
„JA.“
„GUT. DER RAT BESTIMMT DIE GELEHRTEN. MORGEN WERDEN SIE DEN NORDLÄNDER STELLEN.“
ÄHEM, RABBI, WENN ICH DARF…

„ZUERST WERDEN WIR SEINE AUTORITÄT ANZWEIFELN. WIR ZEIGEN DEN LEUTEN, DASS DIESER MANN KEINE RECHTMÄSSIGE BEFUGNIS IN DEN TEMPELHÖFEN HAT.“
SIEHST DU?! SIE KOMMEN WIEDER.
MIT WELCHEM RECHT VERTREIBST DU DIE HÄNDLER? WER HAT DIR DAZU DIE VOLLMACHT GEGEBEN?
HOLT EINEN EIMER! GLEICH FLIESST BLUT!

WENN IHR ZUERST MEINE FRAGE BEANTWORTET, WERDE ICH EURE BEANTWORTEN.
STAMMTE DIE TAUFE DES JOHANNES VOM HIMMEL ODER VON DEN MENSCHEN?
WENN WIR SAGEN, VOM HIMMEL, WIRD ER FRAGEN, WARUM WIR IHM NICHT GEGLAUBT HABEN.
WENN WIR SAGEN, VON DEN MEN-SCHEN…
… WIRD UNS DIE MENGE STEINIGEN!
ER HAT UNS IN DER ZANGE.
DIE ZEIT LÄUFT, JUNGS!
WIR WERDEN DEINE FRAGE NICHT BEANT-WORTEN.
DANN BEANTWORTE ICH EURE AUCH NICHT!

HÖRT EUCH DIESES GLEICHNIS AN.
„EIN MANN LEGTE EINEN WEINBERG AN."
„ER VERPACHTETE IHN AN WINZER UND REISTE IN EIN ANDERES LAND."
„ALS DIE TRAUBEN REIF WAREN, SCHICKTE ER KNECHTE, DAMIT SIE SEINEN ANTEIL AM ERTRAG HOLTEN."
„DOCH DIE WINZER VERPRÜGELTEN SIE UND JAGTEN SIE MIT LEEREN HÄNDEN DAVON."
„DARAUF SCHICKTE ER ANDERE."
„ABER SIE ERHIELTEN DIESELBE BEHANDLUNG."
„DA SAGTE DER BESITZER…"
„ICH WERDE MEINEN GELIEBTEN SOHN SCHICKEN. VOR IHM WERDEN SIE ACHTUNG HABEN."
„ALS DIE WINZER DEN SOHN SAHEN, BESCHLOSSEN SIE, IHN ZU TÖTEN, UM DAS LAND ZU ERBEN."
„NATÜRLICH TÖTETE DER BESITZER DIE WINZER UND VERPACHTETE DEN WEINBERG AN ANDERE. ENDE."

ERWISCHT!
TEST ZWEI!
RABBI, WIR WISSEN, DASS DU AUFRICHTIG REDEST UND LEHRST UND NICHTS AUF ANDERE GIBST. IST ES UNS ERLAUBT, DEM KAISER STEUERN ZU ZAHLEN ODER NICHT?
WOLLT IHR MICH ZUM NARREN HALTEN? ZEIGT MIR EINEN DENAR!
DANKE, KLEINES.
WESSEN BILD IST AUF DER MÜNZE?
DAS DES KAISERS?
DANN GEBT DEM KAISER, WAS DEM KAISER GEHÖRT, UND GOTT, WAS GOTT GEHÖRT.

TEST DREI
„SANHEDRIN, INZWISCHEN WERDEN DIE ANGRIFFE MEINER SPITZEL DIESEN EMPORKÖMMLING GENUG VERWIRRT HABEN. NUN VERSETZEN WIR IHM DEN TODESSTOSS…“
MEISTER, MOSES HAT UNS VORGESCHRIEBEN: WENN EIN MANN STIRBT UND EINE FRAU HINTERLÄSST, OHNE KINDER ZU HABEN, DANN SOLL SEIN BRUDER DIE WITWE HEIRATEN. NUN SIND DA SIEBEN BRÜDER. ALSO HEIRATET DER NÄCHSTÄLTESTE DIE WITWE.
ABER AUCH ER STIRBT KINDERLOS. UND SO HEIRATET DER NÄCHSTE DIE WITWE UND STIRBT KINDERLOS. UND SO WEITER BIS ZUM SIEBTEN, ALLE HINTERLIESSEN SIE KEINE KINDER.
UND SCHLIESSLICH STIRBT DIE WITWE. SAG UNS: WESSEN FRAU WIRD SIE BEI DER AUFERSTEHUNG SEIN? ALLE SIEBEN HABEN SIE ZUR FRAU GEHABT.
ETWAS BESSERES FÄLLT EUCH NICHT EIN?
NUR IN DIESER WELT HEIRATEN DIE MENSCHEN. IN DER KOMMENDEN WELT SIND DIE DINGE ANDERS. JENE, DIE VON DEN TOTEN AUFERSTEHEN, WERDEN WIE ENGEL SEIN.
SIE WERDEN DANN NICHT MEHR HEIRATEN UND SIE KÖNNEN AUCH NICHT MEHR STERBEN!
KLATSCH!
KLATSCH!
KLATSCH!
KLATSCH!
KLATSCH!

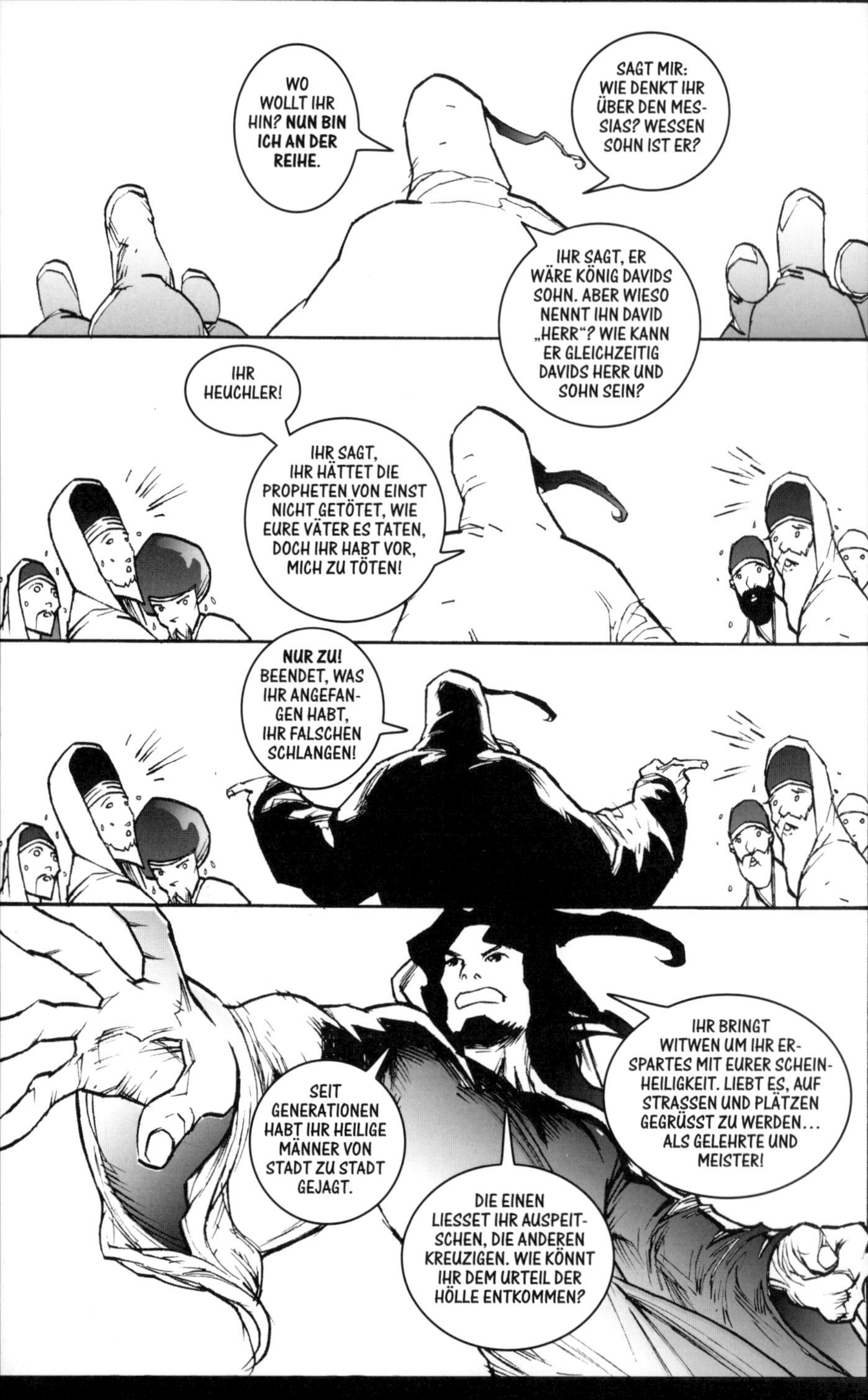
WO WOLLT IHR HIN? NUN BIN ICH AN DER REIHE.
SAGT MIR: WIE DENKT IHR ÜBER DEN MESSIAS? WESSEN SOHN IST ER?
IHR SAGT, ER WÄRE KÖNIG DAVIDS SOHN. ABER WIESO NENNT IHN DAVID „HERR“? WIE KANN ER GLEICHZEITIG DAVIDS HERR UND SOHN SEIN?
IHR HEUCHLER!
IHR SAGT, IHR HÄTTET DIE PROPHETEN VON EINST NICHT GETÖTET, WIE EURE VÄTER ES TATEN, DOCH IHR HABT VOR, MICH ZU TÖTEN!
NUR ZU! BEENDET, WAS IHR ANGEFANGEN HABT, IHR FALSCHEN SCHLANGEN!
IHR BRINGT WITWEN UM IHR ERSPARTES MIT EURER SCHEINHEILIGKEIT. LIEBT ES, AUF STRASSEN UND PLÄTZEN GEGRÜSST ZU WERDEN… ALS GELEHRTE UND MEISTER!
SEIT GENERATIONEN HABT IHR HEILIGE MÄNNER VON STADT ZU STADT GEJAGT.
DIE EINEN LIESSET IHR AUSPEITSCHEN, DIE ANDEREN KREUZIGEN. WIE KÖNNT IHR DEM URTEIL DER HÖLLE ENTKOMMEN?

HÖRT ZU, LEUTE, LASST EUCH VON KEINEM „RABBI" NENNEN. IHR HABT NUR EINEN MEISTER, UND ER IST DER MESSIAS! IHR SEID ALLE GLEICH WIE BRUDER UND SCHWESTER!
DIE PHARISÄER SIND SCHRIFTGELEHRTE. SIE LEHREN DIE WAHRHEIT, ABER SIE SIND HEUCHLER! SIE HALTEN BECHER UND SCHÜSSELN AUSSEN SAUBER, INNEN JEDOCH SIND SIE VOLL VON DEM, WAS SIE IN IHRER MASSLOSIGKEIT ZUSAMMEN-GERAUBT HABEN.
IHR HEUCHLER, LASST DAS WICHTIGSTE IM GESETZ DEM ZEREMO-NIELL ZULIEBE AUSSER ACHT. IHR SIEBT MÜCKEN AUS DEM WASSER UND VERSCHLUCKT KAMELE.
IHR BLINDEN FÜHRER, IHR ZIEHT ÜBER LAND, UM EINEN EINZIGEN MENSCHEN FÜR EUREN GLAUBEN ZU GEWINNEN; UND WENN ER GEWONNEN IST, MACHT IHR IHN ZU EINEM SOHN DER HÖLLE, DER DOPPELT SO SCHLIMM IST WIE IHR SELBST.
RICHTIG.
ECHT.
NA KLAR.
OH, ES IST DAS BLUT DES SANHEDRINS, DAS FLIESST.

EINEN MOMENT.
SIE GIBT MEHR ALS JENE, DIE NUR ETWAS VON IHREM ÜBERFLUSS OPFERN.

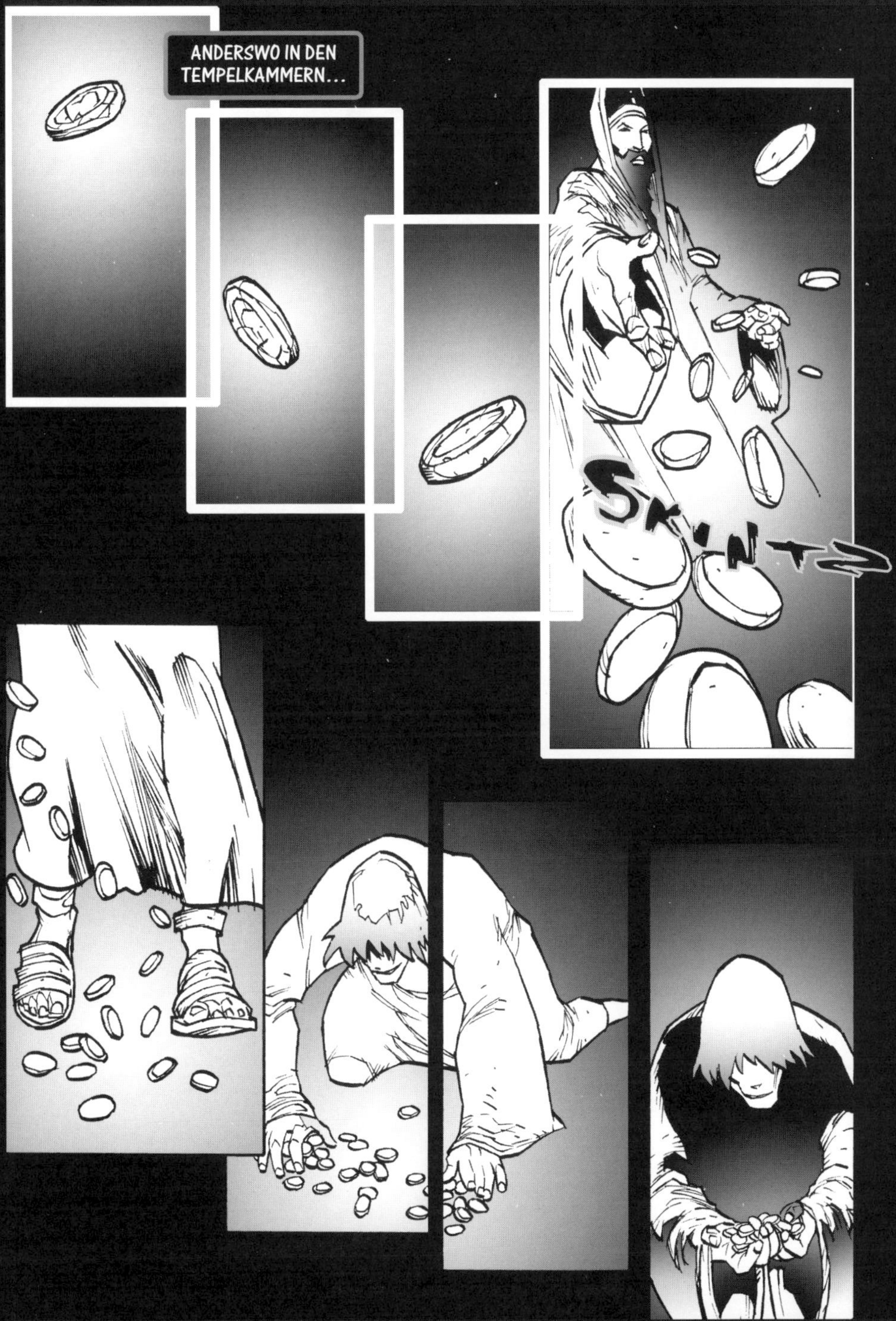
ANDERSWO IN DEN TEMPELKAMMERN...
SKINTZ

ICH KANN EUCH ZU SEINEM VERSTECK FÜHREN.
KRRACK!
DAS WIRST DU, ISCHARIOT.
DAS WIRST DU.
HAHAHA!
HAHAHA!
HAHAHAHA

22.00 UHR…
WAFFENKAMMER DER HOHEPRIESTER, JERUSALEM…
HE, SILAS, ERZÄHL UNS EINEN WITZ.
Prolog: Verrätertor
OKAY, ALSO, ICH WURDE INS GOTTVERLASSENE CAESAREA VERSETZT UND VERSPRACH MEINER VERLOBTEN, IHR REGELMÄSSIG ZU SCHREIBEN.
ICH BESTACH EINEN HÄNDLER, IHR BRIEFE ZU BRINGEN.
SECHS MONATE SPÄTER SCHREIBT SIE MIR ZURÜCK, DASS SIE EINEN ANDEREN KERL HEIRATET.
UND WEN HAT SIE GEHEIRATET?
DEN SOHN DES HÄNDLERS!
WER IST DAS ARME SCHWEIN, DAS WIR HEUTE NACHT VERHAFTEN SOLLEN?

ÖLBERG...

LEUTE, SPÜRT IHR DIESE LIEBE?
ICH KANN MIR NICHT HELFEN, ICH LIEBE EUCH UND ALLE ANDEREN! AAARGH!
PSST, WAS IST MIT DEM MEISTER?
SO IST ER SEIT DEM PASCHA-MAHL.
SAGT MAL... WO IST ISCHA-RIOT?

22.50 UHR...
ES WIRD ZEIT!
AAAARGH!

UUUGH!
ALLES OKAY?
JA, ES GEHT MIR GUT, HAUPT-MANN.
UUUUUGH!

24.00 UHR...
DER GARTEN GETSEMANI...
DANN WARTEN WIR HIER JETZT NUR AUF DEN MEISTER?
DARUM HEISST ES GEBETSWACHE... UND SEHT, ANDREAS IST SCHON IM SCHLUMMERLAND.
ZZZZ.
UUUURR...
AAAAAAAAAA!

AM ANDEREN ENDE DER STADT…
UUURR…
ES GEHT MIR… GUT, LEUTE.
BRINGEN WIR ES HINTER UNS!
WAS IST MIT DEM KERL?
PANIKANFÄLLE, DEPP, SCHWACHE NERVEN UND SCHULDGEFÜHLE.
ZIVILISTEN, HM?
AAARGGGH!
ES GEHT WIEDER LOS…

UH...
URRG!
!
ZWEI STUNDEN ZUVOR...
MEIN VATER IM HIMMEL, DEIN REICH KOMME!

ICH HABE MICH SEHR NACH DIESEM MAHL GESEHNT. ES IST UNSER LETZTES MAHL, EHE MEIN LEIDEN BEGINNT.
„HIER, NEHMT DIESES BROT! DAS IST MEIN LEIB, DER FÜR EUCH…“
„… HINGEGEBEN WIRD.“
HIER, DIESER KELCH IST DER NEUE BUND IN MEINEM BLUT, DAS FÜR EUCH VERGOSSEN WIRD.
ER WIRD EUCH RETTEN!
„DOCH DER MANN, DER MICH VERRÄT…“
„… UND AUSLIEFERT, SITZT MIT MIR AM TISCH.“
„MEISTER, BIN ICH ES?“
„DU SAGTEST ES!“
DU SAGTEST ES!
DU SAGTEST ES!
DU SAGTEST ES!
DU SIEHST BLASS AUS.

1.00 UHR…
VATER… MEIN HERZ WIRD SCHWER, JETZT WO DIE ZEIT MEINES **LEIDENS** NAHT.
DIESER **KELCH VOLLER GEWALT**, DEN DU MIR GEGEBEN HAST, FLIESST ÜBER MIT SCHÄUMENDEM ROTWEIN, VERSETZT MIT GEWÜRZEN.
MUSS ICH IHN BIS AUF DEN LETZTEN TROPFEN LEEREN?
UM DEINETWILLEN BIN ICH IM BEGRIFF, SCHRECKLICHE DEMÜTIGUNG ZU ERTRAGEN!
SOGAR MEINE BRÜDER WERDEN MICH VERLEUGNEN. SÄUFER WERDEN SPOTTLIEDER ÜBER MICH SINGEN. MEIN GEMARTERTES FLEISCH WIRD ZU MEINEM GEWAND WERDEN.
ES IST DIE **SCHANDE**, NICHT DAS LEID!
ABER NICHTS IST VERGLEICHBAR MIT DER SCHANDE, DURCH SÜNDE VON DIR GETRENNT ZU WERDEN. NICHTS IST VERGLEICHBAR MIT DER SCHANDE, SÜNDE AUF SICH ZU NEHMEN.
WENN DU WILLST, NIMM DIESEN KELCH VON MIR!

EIN PRIVAT-GRUNDSTÜCK? NOBEL.
WAS SAGT MAN DAZU? DER FEIGLING HAT BEZIEHUNGEN.
PSSSSST...
DAS SIND SEINE JÜNGER.
SIE SCHLAFEN WIE ÜBLICH.

AUFWACHEN, ÄRGER!
AUFWACHEN, MEINE SCHLAFMÜTZEN. DER VERRÄTER HAT SEINE KARTEN AUF DEN TISCH GELEGT.
„ER WIRD MICH AUSLIEFERN…“
„… AN MÄNNER DER GEWALT.“

WAS?!
STILLHALTEN!
KEINE BEWEGUNG!
HALT!
SACHTE, LEUTE.
HUH.
%**$
EIN GANZES BATAILLON! IST DAS NICHT ÜBERTRIEBEN? WAS WOLLT IHR?
WELCHER VON EUCH IST JESUS VON NAZARET?

MEISTER.
VERRAT MIT EINEM KUSS?
UND IHR SUCHT…
… JESUS VON NAZARET?
ICH BIN DER…
SWOOOOSH!
AAAARGH!
UUUH!
UGH!

OH, KACKE.
MAMI!
... DEN IHR SUCHT.
ICH FRAGTE, WAS IHR WOLLT.
AUF BEFEHL DES HOHEN-PRIESTERS, DU BIST VERHAF-TET.
NUR ÜBER MEINE LEICHE!

AAAARRGH!
SIMON!
CRACK!
SWWOOOSH!

KRACK!
BRACK!
SIMON, HÖR AUF.

ALLE, DIE ZUM SCHWERT GREIFEN, WERDEN DURCH DAS SCHWERT UMKOMMEN.
WARUM KOMMT IHR BEI NACHT ZU MIR, ALS WÄRE ICH EIN RÄUBER, WENN IHR MICH JEDERZEIT BEI TAG HÄTTET VERHAFTEN KÖNNEN?
SCHNAUZE! DU REDEST ZU VIEL.
RENN!
LASST MEINE SCHÜLER GEHEN! IHR HABT, WAS IHR WOLLT.
HA HAHA HA!
HA HAHA HA!

EURE VERBÜNDETEN SIND VERSAMMELT, HOHEPRIESTER HANNAS.
DANKE. WIR WOLLEN DOCH NICHT, DASS EIN EMPORKÖMMLING DAS **VERFAHREN** WEGEN EINES FORMFEHLERS RUINIERT, ODER?
WIR LIESSEN RABBI **NIKODEMUS** WIE BEFOHLEN IM DUNKELN.
GUT. DIE SICHERHEIT DIESES LANDES HÄNGT VON DIESEM VERFAHREN AB.
MAN NENNT MICH **„DIE GRAUE EMINENZ“**... ICH WERDE ZU ALT FÜR SO WAS.

KEPHAS, SIE SIND IN HANNAS' PALAST GEGAN-GEN. ICH BRINGE UNS DORT REIN.
HALLO, JOHANNES.
HALLO, JOHANNES.
HALLO, SAVYONA, MALKAN. DAS IST MEIN FREUND KEPHAS. DARF ER MIT REIN?
ICH GEHE REIN. DU MUSST IM HOF WARTEN, SIMON.
DEN KENNE ICH!

FÜHRT DEN GEFANGENEN VOR!

Kapitel 9:
Verhandlung und Irrtum
- Trial and error -
Teil 1
ANTONIA
DAS GOLDENE TOR
TEMPEL
GRAB JESUS
RICHTER-TOR
SCHÄDEL-HÖHE
GARTEN GETSEMANI
ALTSTADT
ÖLBERG
HASMONÄISCHER PALAST
OBERSTADT
STADT VON DAVID
PALAST DES HERODES
PALAST DES HOHEPRIESTERS
KIDRONTAL
STADT-TAL
OBER-GESCHOSS
JERUSALEM
33 N. CHR.
SCHILOACH-QUELLE
JESUS' WEG

3.00 UHR…
DAS IST JESUS VON NAZARET?
HE, HE, HE.
GRRRRRR
WAS HAST DU DEINE ANHÄNGER UND SCHÜLER GELEHRT?
ICH HABE OFFEN GESPROCHEN. FRAG DOCH DIE, DIE MICH GEHÖRT HABEN.

HAAAAAAA!
UUUUNNNGH
REDET MAN SO MIT DEM HOHE-PRIESTER?
NA LOS, NOCH SO EINE FRECHE ANT-WORT…
SPEW
SPLAT
IST ES NICHT UNGESETZLICH, EINEN UNVERURTEILTEN BESCHULDIGTEN ZU SCHLAGEN? FALLS ICH ETWAS FALSCHES GESAGT HABE, MÜSST IHR ES MIT BEWEISEN WIDERLEGEN.

HMMMPF.
DU WIRST DICH VOR GERICHT VERANTWORTEN, NORDLÄNDER.
BRINGT IHN ZU HOHEPRIESTER KAJAPHAS!
ICH SAGE DIR: ER HAT MALCHUS' OHR ABGESCHNITTEN. MALCHUS IST MEIN COUSIN. ER HAT'S MIR ERZÄHLT!
WAS FÄLLT DIR EIN? IN MEINEM GANZEN LEBEN WURDE ICH NOCH NIE SO BELEIDIGT!
ICH KOMME AUS GUTEM HAUS. NIMM DAS ZURÜCK!
HÖRT IHR DEN AKZENT? ER IST AUS GALILÄA, ER IST EINER VON DENEN.

SOLL ICH SCHWÖREN? IST ES DAS, WAS IHR WOLLT?
ALSO GUT… ICH SCHWÖRE BEIM NAMEN DES LEBENDEN GOTTES, ICH HABE DIESEN KERL, DEN IHR JESUS NENNT, NOCH NIE GESEHEN!
WAS… WAS GLOTZT DU SO, HOLZKOPF?
MEISTER!

PROPHEZEIE, SEHER!
WER HAT DICH GESCHLAGEN, PROPHET?
HE, BARUCH... DAS IST EIN HARTER BROCKEN... DER ZUCKT NICHT MAL!
CRACK!
BUFF
CRACK!
BUFF

CRACK
BRINGT DEN GEFANGENEN ZU HOHE-PRIESTER KAJAPHAS.
COUGH
COUGH

NEHMT IHM DIE FESSELN AB!
HOLT DIE ZEUGEN.
ER IST EIN AUFRÜHRERISCHER EXTREMIST MIT EINEM STEHENDEN HEER IM NORDEN.
ER SAGT, WIR SOLLTEN KEINE STEUERN ZAHLEN!
ER LEHRT DIE LEUTE, UNSERE SITTEN AUFZUGEBEN. ER FÖRDERT DIE PROSTITUTION UND IST MIT ZÖLLNERN BEFREUNDET.
ER SAGT, WIR SOLLTEN ROM KEINEN WIDERSTAND LEISTEN. ER IST EIN FREUND DER RÖMER.
ER IST KEIN JUDE, ABER NENNT SICH „DER SOHN GOTTES“!

MEINE GÜTE!... IST DAS ALLES?
IST DAS ALLES?
ÄHEM...
SPRICH.
ER HAT GESAGT: „ICH WERDE DEN TEMPEL NIEDERREISSEN UND IN DREI TAGEN EINEN ANDEREN ERRICHTEN..."
„... DER NICHT VON MENSCHEN-HAND IST."
NEIN... ER WOLLTE IHN ALLEIN AUF-BAUEN!
ER SAGTE: „NICHT VON MENSCHEN-HAND."
ABER ZERSTÖREN WOLLTE ER IHN MIT SEINEM HEER, RICHTIG?

HEH HEH
HEH HE
HEH HEH HE
HEH HE
WILLST DU NICHTS SAGEN?
BEANTWORTE DIESE VORWÜRFE: BIST DU DER MESSIAS, DER SOHN GOTTES? IM NAMEN GOTTES, SPRICH!

WILLST DU DAS WIRKLICH WISSEN?
WENN ICH ES DIR SAGE, WÜRDEST DU ES NICHT GLAUBEN. WENN ICH DIR EINE FRAGE STELLE, WÜRDEST DU NICHT ANTWORTEN. DENNOCH IST DIE ZEIT GEKOMMEN, UND SEHR BALD WERDET IHR DEN MENSCHENSOHN ZUR RECHTEN GOTTES SITZEN UND AUF DEN WOLKEN DES HIMMELS KOMMEN SEHEN!
ER HAT GOTT GELÄSTERT! WOZU BRAUCHEN WIR NOCH ZEUGEN? IHR HABT DIE GOTTESLÄSTERUNG GEHÖRT! ER IST SCHULDIG!
SCHULDIG! SCHICKT IHN ZU PILATUS. ER SOLL IHN ZUM TODE VERURTEILEN!

5.30 UHR, DIE BURG ANTONIA, PONTIUS PILATUS' PALAST IN JERUSALEM...
MACHT PLATZ FÜR DEN GEFANGENEN!
WIR SIND BEAMTE KAJAPHAS'. WIR BRINGEN EINEN FEIND DES KAISERS ZUR VERHANDLUNG.

6.00 UHR…
TÖTET IHN!
DIESER WILDE STÖRT UNSEREN HANDEL IM TEMPEL. WAS SOLLEN WIR TUN?
TÖTET IHN!
TÖTET IHN!
TÖTEN!
ABTRÜNNIGER!
HÄNGT IHN AUF!
ENTSETZLICH!
TÖTET IHN!
TÖTET IHN!

DESHALB LIESS MAN UNS RUFEN… WEGEN EINEM…
… LYNCH-MORD? RICHTIG, KLEINER.
SICHER WIRD IHM GERECHTIG-KEIT ZUTEIL.
VON PILATUS?
ICH ERZÄHLE DIR ETWAS ÜBER PILATUS.
ES BEGANN DAMIT, DASS PILATUS KAISER TIBERIUS EHREN WOLLTE.
Die Sache mit den Weiheschilden
ER LIESS WEIHE-SCHILDE IM PALAST DER HASMONÄER AUFSTELLEN UND ERKLÄRTE TIBERIUS ZUM GOTT.
„DAS VOLK WOLLTE DAS NICHT HINNEHMEN. PILATUS DROHTE DEN PRIESTERN UND PHARISÄERN MIT DEM TOD. ABER TAUSENDE WOLLTEN EHER STERBEN, ALS GÖTZEN ANZUBETEN.“
THE GOD TIBERIUS
PILATUS, DIE LEUTE SIND BEREIT ZU STERBEN!
DIESE *&%$* JUDEN! AUF DEN SCHILDEN SIND KEINE BILDER!
ANTIPAS! WEG MIT DEINEN GÖTZEN!
BITTET IHRE VERTRETER IN DIE FESTUNG. SAGT IHNEN, PILATUS WIRD SICH FÜGEN.

„UND SO TRAFEN SICH DIE ÄLTESTEN MIT PILATUS.“
ICH WERDE DIE SCHILDE ABNEHMEN …
… ABER NUR ÜBER EURE LEI-CHEN!
„PILATUS’ WACHEN TRUGEN KEULEN UNTER IHREN TUNIKAS.“
HAAR EINES FRÜHEREN OPFERS
BITE ME
VOTE
WACHEN!
„DANN SCHLUGEN SIE DIE ÄLTESTEN TOT.“
WERFT IHRE ÜBER-RESTE MIT DEM MÜLL RAUS!
„DANN NAHM ER DIE WEIHESCHILDE AB.“
„SO ENDET DIE SACHE MIT DEN WEIHESCHILDEN.“

„PILATUS WIRD DEM PROPHETEN KEINE GERECHTIG-KEIT GÖNNEN."
„WIE ALLE POLITIKER WIRD ER TUN, WAS IHM NÜTZLICH IST."
„PILATUS IST EIN BRUTALER MANN."

Kapitel 10:

Verhandlung und Irrtum - Trial and error - Teil 2

6.45 UHR…
ER GEFÄHRDET UNSERE JOBS, UNSERE ART ZU LEBEN!
WIR MÖGEN DIE DINGE, SO WIE SIE SIND!
WIR MÜSSEN PILATUS ÜBERZEUGEN, IHN HINZURICHTEN!
NIEDER MIT DEM REVOLUZZER!
JAAA!
HEY, WAS SOLL DAS? DAS HAB ICH NICHT GEWOLLT.
HEY, HELD, ES IST FAST GESCHAFFT… NUN GIBT ES KEIN ZURÜCK MEHR.
WAS HAST DU ERWARTET, ISCHA-RIOT? EINEN KLAPS AUF DIE FINGER?
HA HA
HA HA
HA HA
HA HA
HA HA
HA HA
HA-HA

PRÄFEKT, EURE FRAU MÖCHTE EUCH SPRECHEN. ES IST DRINGEND.
SAG IHR, WIR REDEN SPÄTER.
SEUFZ. MAN SOLLTE MEINEN, EIN HOCHDEKORIERTER MILITÄR WIE ICH WÜRDE WENIGSTENS MIT EINER FRAU UND EINEM HAUFEN ALTER KNACKER FERTIG WERDEN.

ICH SAGE MEINER FRAU: „BLEIB IN CAESAREA. JERUSALEM IST WÄHREND DES PASCHAFESTS EIN HEISSES PFLASTER.“
DIE TATSACHE, DASS FRAUEN DER ZUTRITT ZUR BURG ANTONIA VERBOTEN IST, TUT SIE ALS BELANGLOS AB.
ABER NEIN, SIE MUSS MITKOMMEN.
SIE SAGT: „DU BIST DER STATTHALTER. SETZ DAS VERBOT AUSSER KRAFT.“ DANN SAGT SIE: „CADIT QUAESTIO“, WAS SO VIEL HEISST WIE „ENDE DER DISKUSSION“.
NUN BIN ICH DER *&%$ BOTE FÜR EINE BANDE SENILER PRIESTER, DIE ETWAS GEGEN EIN WENIG **KONKURRENZ** HABEN. SIE KOMMEN NICHT SELBST AUS FURCHT, SICH VOR DEM PASCHAMAHL ZU **BESCHMUTZEN!**
ZEUS SCHÜTZE UNS VOR GEBILDETEN FRAUEN UND MÜRRISCHEN ALTEN MÄNNERN. BEGLEITE MICH EIN STÜCK.

SIE SAGEN, DU HÄTTEST DEN JUDEN GESAGT, SIE SOLLEN KEINE STEUERN ZAHLEN, UND SIE SO IN DEN RUIN GEFÜHRT.
KEINE SORGE. ICH BIN LANGE GENUG IN DER POLITIK, UM EINE INTRIGE ZU ERKENNEN, WENN ICH EINE SEHE. ABER SAG MIR…
BIST DU DER KÖNIG DER JUDEN?
HABEN SIE DIR DAS ERZÄHLT?
WAS FRAGST DU MICH? BIN ICH JUDE?
DEIN EIGENES VOLK UND DIE HOHEPRIESTER HABEN DICH AN MICH AUSGELIEFERT. WARUM?
WAS HAST DU WIRKLICH GETAN?

MEIN KÖNIGTUM IST NICHT VON DIESER WELT. WENN ES DAS WÄRE, WÜRDEN MEINE LEUTE KÄMPFEN, DAMIT ICH DEN JUDEN NICHT AUSGELIEFERT WÜRDE.
ABER MEIN KÖNIGTUM IST NICHT VON HIER.
ALSO **BIST** DU DOCH EIN KÖNIG!?
DU SAGST ES. ICH BIN EIN KÖNIG. ICH BIN DAZU GEBOREN UND DAZU IN DIE WELT GEKOMMEN, DASS ICH FÜR DIE WAHRHEIT ZEUGNIS ABLEGE. JEDER, DER AUS DER WAHRHEIT IST, HÖRT AUF MEINE STIMME.
AH, WAS IST **WAHRHEIT?**

TÖTET IHN
TÖTEN
TÖTEN
TÖTEN
TÖTEN
TÖTET IHN
TÖTET IHN
HÄNGT IHN AUF!
TÖTET IHN!
ABTRÜN-NIGER!
TÖTET IHN!
TÖTEN!
SCHWEIGT!
ICH HABE IHN BEFRAGT UND FINDE KEINEN GRUND, IHN ZU VERURTEILEN. ER HAT KEIN VERBRECHEN BEGANGEN.
WAS?

ABER ER SORGT ÜBERALL FÜR UNRUHE…
… IN GANZ JUDÄA, VON GALILÄA BIS JERUSALEM!
OH, DANN IST ER GALILÄER?
JA.
JA.
JA.
JA.
HMMM.
ANTIPAS IST IN JERUSALEM, RICHTIG, TACITUS?
JA, DENKT IHR, WAS ICH DENKE, PRÄFEKT?
SEIT DER SCHILD-VERSAMMLUNG LIEGT ANTIPAS MIT MIR IM STREIT. DIESE GESTE SOLLTE IHN VER-SÖHNEN.
MEINE HERREN, ICH SCHICKE DEN GEFAN-GENEN ZU ANTIPAS. GALILÄA FÄLLT IN SEINE ZUSTÄNDIGKEIT.

7.30 UHR, DER PALAST DER HASMONÄER, HERODES' ZWEITER AMTSSITZ IN JERUSALEM…
ÄH, WIE SPÄT IST ES? JESUS VON WAS?
JESUS VON NAZARET!
MEINE GÜTE, NOCH EIN PROPHET!
ENTFERNT DIESE GRAUSI-GEN FESSELN.

ER NENNT SICH „KÖNIG VON ISRAEL“.
ER WILL DEN TEMPEL ZERSTÖREN UND NEU AUFBAUEN.
ER STELLT EINE REVOLUTIONSARMEE AUF.
SCHWARZE MAGIE…
EIN FEIND VON HERODES' THRON.
HA, HA, HA. DU WARST SEHR BESCHÄFTIGT, WAS?
LASS MICH DIR EIN GEHEIMNIS VERRATEN…
ICH WEISS, DEINE ANKLÄGER SIND NUR NEIDISCH AUF DEINEN ERFOLG. MICH HASSEN SIE AUCH.
PILATUS MUSS DICH GESCHICKT HABEN, UM DIE WOGEN ZWISCHEN UNS ZU GLÄTTEN.
ER LIESS GRUNDLOS PHARISÄER ERMORDEN. ICH BOT IHM DAMALS DIE STIRN. WIE IST DEINE MEINUNG?
?

WIE DENKST DU DARÜBER, DASS ROMS ABGESANDTER AUF JÜDISCHEM LAND ABSOLUTE MACHT AUSÜBT?
ER IST NUR EIN BAUER. WAS WEISS DER ÜBER POLITIK?
HA HA!
EIN BAUER MIT EINER ARMEE, DIE NUR AUF SEIN ZEICHEN WARTET!
HA!
HA
ODER HABT IHR JUDAS VON GALILÄA BEREITS VERGESSEN?
WO IST DIESE ARMEE, VON DER DU SPRICHST?
WERDEN WIR VON TRUPPEN BELAGERT, DIE DAS REICH STÜRZEN WOLLEN? GREIFEN SIE UNSERE TORE AN?

NEIN, DAS IST KEIN EXTREMIST, NUR EIN ALTER PREDIGER.
ABER FÜR EINEN PREDIGER IST ER RECHT STILL…
JOHANNES „DIE STIMME“ IST ER JEDENFALLS NICHT!
HA HA!
HA
HA!
HA
ICH GEBE DIR EINE CHANCE, PROPHET. VOLLBRINGE EINES DIESER WUNDER, VON DENEN ICH SO VIEL GEHÖRT HABE.
EIN KLITZEKLEINES WUNDER?
NEIN?

WACHEN? HABT IHR IHM DIE ZUNGE ABGESCHNIT-TEN?
WIR DOCH NICHT, HERR.
HA HA HA! HA HA HA
DANN HAT ER SIE WOHL VER-SCHLUCKT.
HA HA HA HA HA HA!
NEIN. DAS IST KEIN MESSIANISCHER, AUFRÜHRERISCHER KÖNIG. ER IST NUR EIN PREDIGER. ICH WERDE MICH NICHT WIEDER DAZU VERLEITEN LASSEN, EINEN PRE-DIGER ZU TÖTEN.
!
SCHICKT IHN ZURÜCK ZU PILATUS. WENN SEINE ANKLÄGER SAGEN, ER WOLLTE KÖNIG SEIN…

„... DANN KLEIDET IHN WIE EINEN KÖNIG. WACHEN, LEGT IHM MEIN GEWAND AN.“
TÖTET IHN
TÖTEN
TÖTET IHN
TÖTET IHN
TÖTEN
TÖTEN
TÖTEN
DIE BEREITEN MIR HÖLLISCHE KOPFSCHMER-ZEN.
IHR BRACHTET DIESEN MANN ZU MIR UND BESCHULDIGTET IHN DER REBEL-LION.
ICH HABE IHN IN EURER GEGENWART VERHÖRT UND FÜR UNSCHUL-DIG BEFUN-DEN.
HERODES KAM ZU DEM GLEICHEN ERGEBNIS UND SCHICKTE IHN ZURÜCK.
ER HAT NICHTS GETAN, WAS DIE TODESSTRAFE RECHTFERTIGT.
ICH LASSE IHN GEISSELN, DANN IST ER FREI.
NEIN! NEIN!
NEIN!
NEIN!
NEIN!
NEIN!

WARUM NICHT?
KREUZIGE IHN!
TÖTE IHN!
KREUZIGE IHN!
KREUZIGUNG!
TACITUS… PLAN B… BRING DEN MÖRDER.
EINE NACHRICHT VON EURER FRAU.
Geliebter, ich habe von dem Mann geträumt, den du richten sollst. Töte ihn nicht.
XXX
DER GEFANGENE BARABBAS, HERR.
ICH HABE HIER DEN MÖRDER UND REBELLEN BARABBAS ZUSAMMEN MIT JESUS VON NAZARET.
ES IST BRAUCH, DASS ICH AM PASCHAFEST EINEN GEFANGENEN FREILASSE.
WÄHLT!

„LASST BARABBAS FREI, KREUZIGT JESUS VON NAZARET!“
„WARUM? WAS HAT ER GETAN?“
„KREUZIGT IHN!“
„HMPF… HAUPTMANN, GEISSELT IHN UND BRINGT IHN ZU MIR.“

HA HA!
HA HA!
HE, SEHT MAL, JUNGS. NUN HABEN WIR EINEN RICHTIGEN KÖNIG… MIT EINER KRONE.
HA HA!
HA HA!
HEE HEE

IHN
KREUZIGT IHN
TÖTEN
KILL
TÖTEN
KILL
KREUZIGEN
SIEH DICH AN! DU SIEHST KAUM WIE EIN MENSCH AUS, UND DOCH WOLLEN SIE DEINEN TOD! **WER BIST DU?**
DU SPRICHST NICHT MIT MIR? WEISST DU NICHT, DASS ICH MACHT HABE, DICH **FREIZULASSEN?**
>KOFF< DU HÄTTEST KEINE MACHT ÜBER MICH, WENN ES DIR NICHT VON OBEN GEGEBEN WÄRE…
DARUM LIEGT GRÖSSERE SCHULD BEI DEM, DER MICH DIR AUSGELIEFERT HAT.
ALSO GUT. VERSUCHEN WIR'S **NOCH MAL!**

8.30 UHR…
SEHT EUREN KÖNIG!
NEIN!
TÖTEN!
IHR MACHT EUCH ÜBER UNS LUSTIG!
KREUZIGT IHN!
TÖTET IHN!
WEG MIT IHM!
…
!

EUREN KÖNIG SOLL ICH KREUZIGEN?
WIR HABEN KEINEN KÖNIG AUSSER DEM KAISER!
WENN DU IHN FREILÄSST, BIST DU KEIN FREUND DES KAISERS!
KREUZIGEN
KREUZIGEN
KREUZIGEN
KREUZIGEN
KREUZIGEN
JEDER, DER SICH ALS KÖNIG AUSGIBT, LEHNT SICH GEGEN DEN KAISER AUF.
KREUZIGEN
KREUZIGEN

KREUZIGEN
KREUZIGEN
!
KREUZIGEN
KREUZIGEN
KREUZIGEN
KREUZIGEN
KREUZIGEN
KREUZIGEN
KREUZIGEN
KREUZIGEN

UGH!

HA!
HA!
HA!
HA!
HA!
DAS IST DIE STRAFE FÜR DEINE GOTTESLÄSTERUNG!
SOB
SOB
SOB
*%)!
KETZER!
BETRÜ-GER!
...
UGH...
AAARGH...
WAH!
SNIF!
BUHU!
IHR FRAUEN... WEINT NICHT ÜBER MICH...

WEINT ÜBER EUCH >KOFF< UND EURE KINDER.
DENKT AN DIE WARNUNG DES PROPHETEN HOSEA…
„DENN WENN DAS MIT DEM…“
„… GRÜNEN HOLZ GESCHIEHT…“
„… WAS WIRD DANN ERST…“
LASS MICH DIR HELFEN.
… MIT DEM DÜRREN WERDEN?

NA LOS, VORWÄRTS, MISTKERLE!
WIR HABEN NICHT DEN GANZEN TAG ZEIT.
>KICHER< JÜDISCHE FREAKS.
GLEICH IST'S GESCHAFFT, GROSSER…
SCHWEIG, PONTILIUS.
WERD MIR NUR NICHT OHNMÄCHTIG!

„BLEIB STARK!"
WHACK
ARRGGH!

...
AAAAAARRGGH!
...
FREITAG, 3. APRIL,
9.01 UHR,
DIE SCHÄDELHÖHE...
...
UUUGGH!
UNNNGH!

Kapitel 11: Auf Wiedersehen

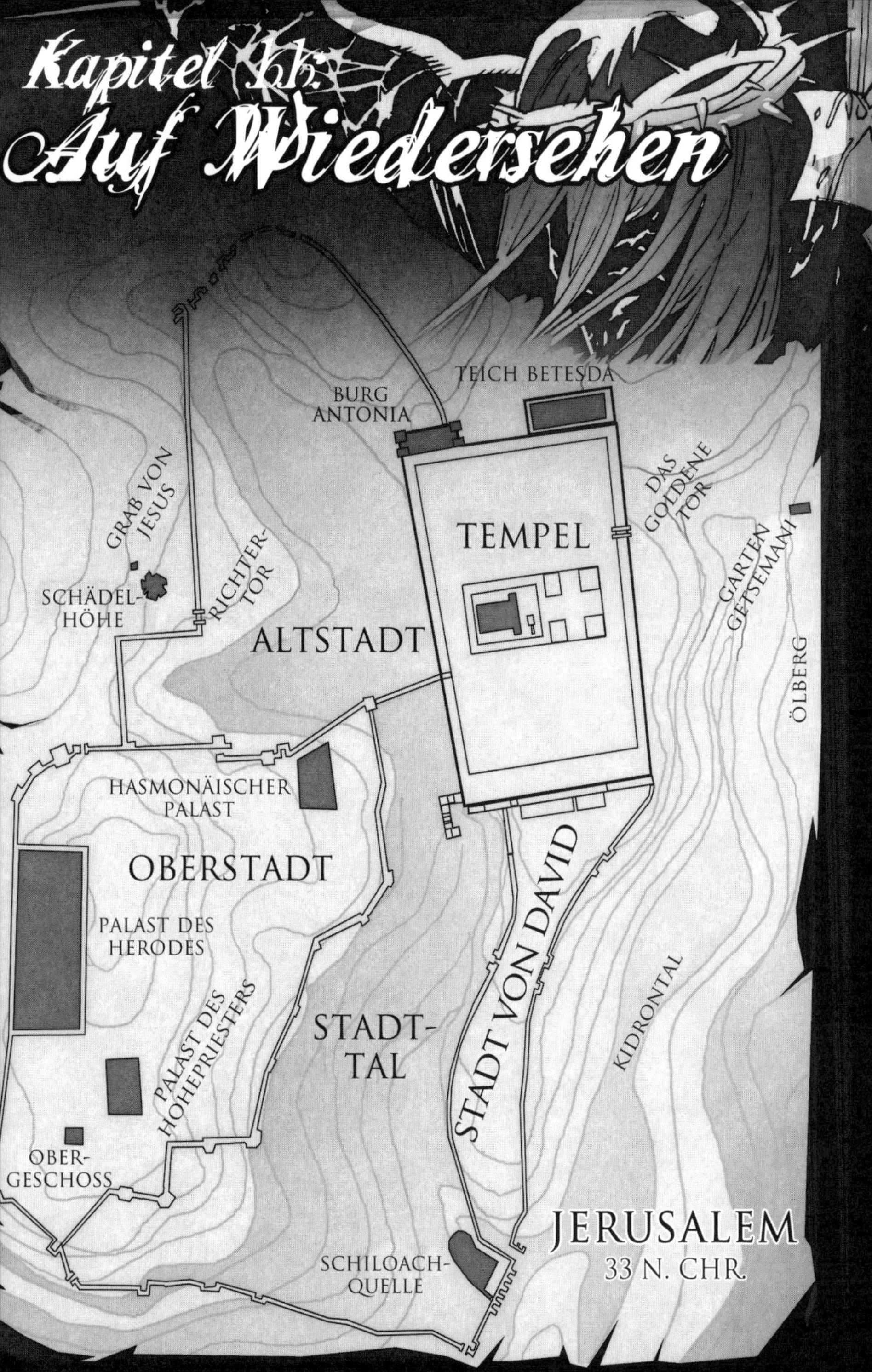

TEICH BETESDA
BURG ANTONIA
DAS GOLDENE TOR
TEMPEL
GARTEN GETSEMANI
GRAB VON JESUS
RICHTER-TOR
SCHÄDEL-HÖHE
ALTSTADT
ÖLBERG
HASMONÄISCHER PALAST
OBERSTADT
STADT VON DAVID
PALAST DES HERODES
PALAST DES HOHEPRIESTERS
STADT-TAL
KIDRONTAL
OBER-GESCHOSS
JERUSALEM
33 N. CHR.
SCHILOACH-QUELLE

„MANN, DAS IST ECHT ÜBEL!"
„HE... HE, JESUS..."
„HÖR MAL..."
„... WENN DU WIRKLICH DER MESSIAS BIST..."
„... WARUM STEIGST DU DANN NICHT HERAB?"
„DANN GLAUBEN WIR DIR, EHRLICH!"
HA HA HA HA HA HA!

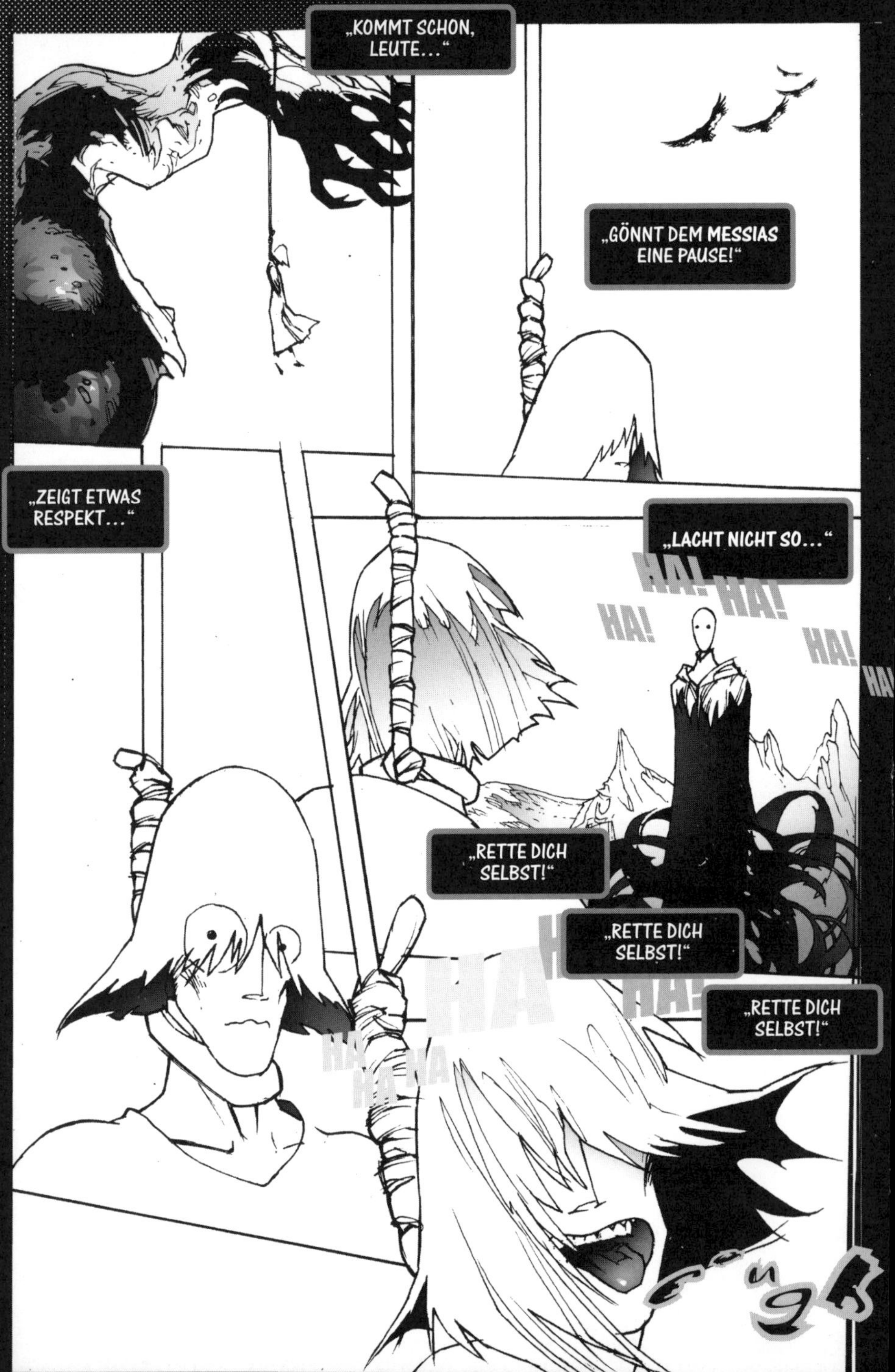
„KOMMT SCHON, LEUTE…“
„GÖNNT DEM MESSIAS EINE PAUSE!“
„ZEIGT ETWAS RESPEKT…“
„LACHT NICHT SO…“
HA! HA! HA! HA!
„RETTE DICH SELBST!“
„RETTE DICH SELBST!“
„RETTE DICH SELBST!“
HA HA HA HA HA!

cough
cough
cough
HE, MANN! DU LÄSST ZU, DASS DIESE ARMLEUCHTER SO MIT DIR REDEN?
ES HEISST, DU HÄTTEST EIN HEER OBEN IM NORDEN. DENN WAS IST EIN MESSIAS OHNE EIN HEER?
ALSO DACHTEN WIR…
… DU RETTEST DICH SELBST UND MACHST UNS LOS… WEISST DU?
HA, HA, HA! SEIN HEER! MEINT IHR DIESEN HAUFEN VERSAGER AUS GALILÄA? DIESE FISCHER?
HA HA HA HA!
HA HA HA
DIE SCHULD-TAFEL FÜR DEN VERURTEILTEN JESUS.

HA, HA, HA! DAS WIRD DENEN NICHT GEFALLEN.
FEST-NAGELN!

„JESUS VON NAZARET, DER KÖNIG DER JUDEN.“
Ἰησους ο Ναζωραιος ο βασιλευς των Ἰουδαιων
IESVS·NAZARENVS·REX·IVDÆORVM
ישוע הנצרי ומלך ה יהודים
DAS IST EIN SKANDAL!
NEHMT ES RUNTER!
ER NANNTE SICH SELBST „KÖNIG“. WIR ERKENNEN IHN NICHT ALS SOLCHEN AN!
„WO IST JAKOBUS?“
„ANDREAS…“

OBERGEMACH, IM SÜDWESTEN JERUSALEMS…*
WO IST KEPHAS?
BANG
WO IST MEIN BRUDER JOHANNES?
ERSCHRECK UNS NICHT SO, JAKOBUS!
LASS GUT SEIN, THOMAS. DER MEISTER IST GEKREUZIGT UND MEIN BRUDER VERSCHWUNDEN!
WIR SIND ERLEDIGT.
WO IST SIMON?
IN DER ERSTEN REIHE, EH?
ERSTER KLASSE INS UNGLÜCK!
JAKOBUS… JAKOBUS, IST DER MEISTER TOT?
ER IST GEGANGEN…
WO IST ISCHARIOT?

* HIER FAND DAS LETZTE ABENDMAHL STATT.

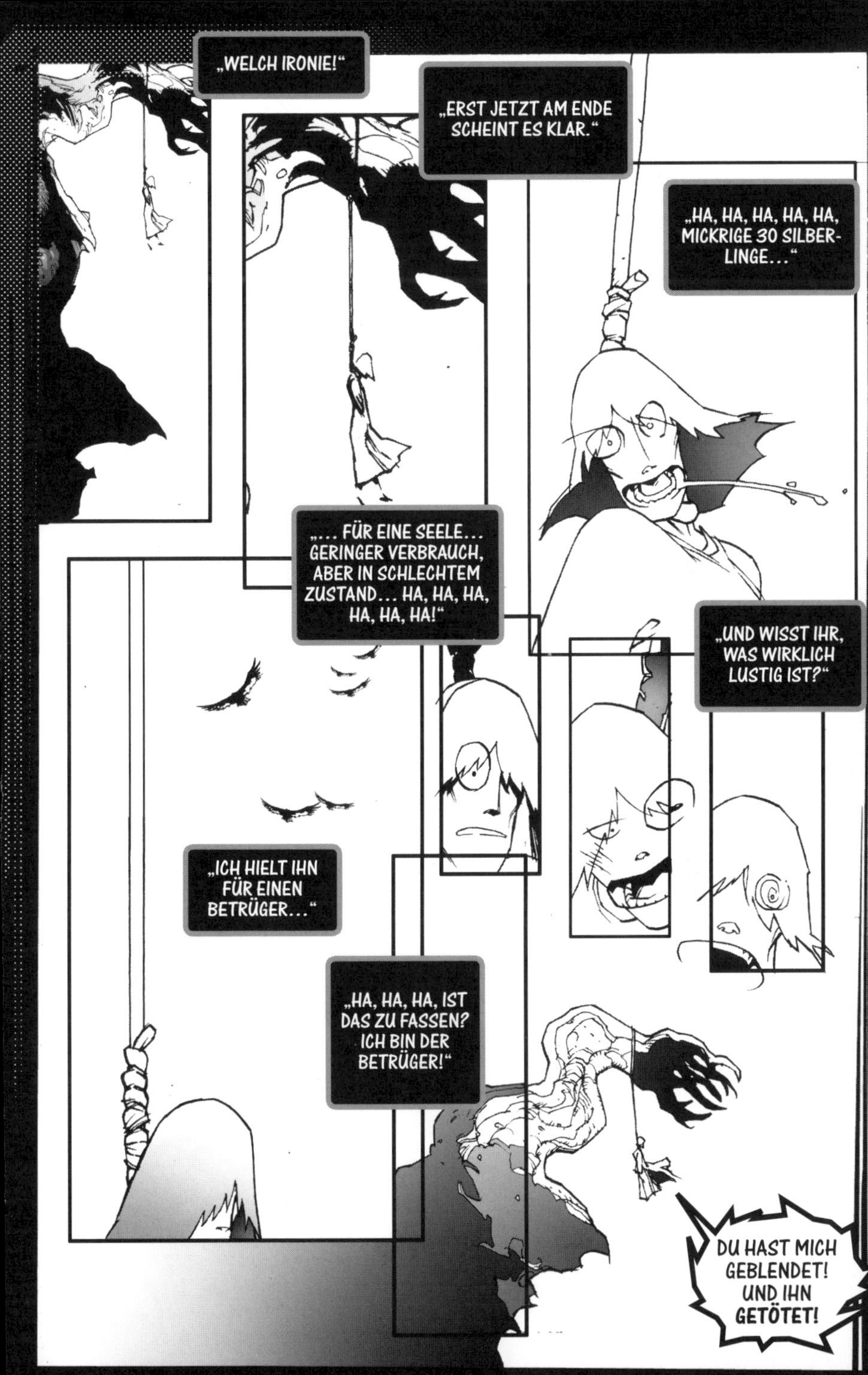
„WELCH IRONIE!“
„ERST JETZT AM ENDE SCHEINT ES KLAR.“
„HA, HA, HA, HA, HA, MICKRIGE 30 SILBER-LINGE…“
„… FÜR EINE SEELE… GERINGER VERBRAUCH, ABER IN SCHLECHTEM ZUSTAND… HA, HA, HA, HA, HA, HA!“
„UND WISST IHR, WAS WIRKLICH LUSTIG IST?“
„ICH HIELT IHN FÜR EINEN BETRÜGER…“
„HA, HA, HA, IST DAS ZU FASSEN? ICH BIN DER BETRÜGER!“
DU HAST MICH GEBLENDET! UND IHN GETÖTET!

HE, HE, HE.
SNIFF.
MEISTER.
JESUS.
KOMM HERUNTER, MESSIAS!
SNIFF.
ANDEREN HAST DU GEHOLFEN, ABER DIR SELBST KANNST DU NICHT HELFEN.
WARUM MUSSTEN SIE IHN TÖTEN?
WIR SIND **MÖRDER** UND **TERRORISTEN**. WIR VERDIENEN DEN TOD.
DIESER MANN HAT **NICHTS** UNRECHTES GETAN!
EIN SCHÖNER MESSIAS BIST DU…
SCHWEIG! SELBST IM ANGESICHT DES TODES FÜRCHTEST DU GOTT NICHT?
JESUS, DENK AN MICH, WENN DU IN DEIN REICH KOMMST.
ICH SAGE DIR, **HEUTE** NOCH WIRST DU MIT MIR IM PARADIES SEIN.

11.59 UHR…

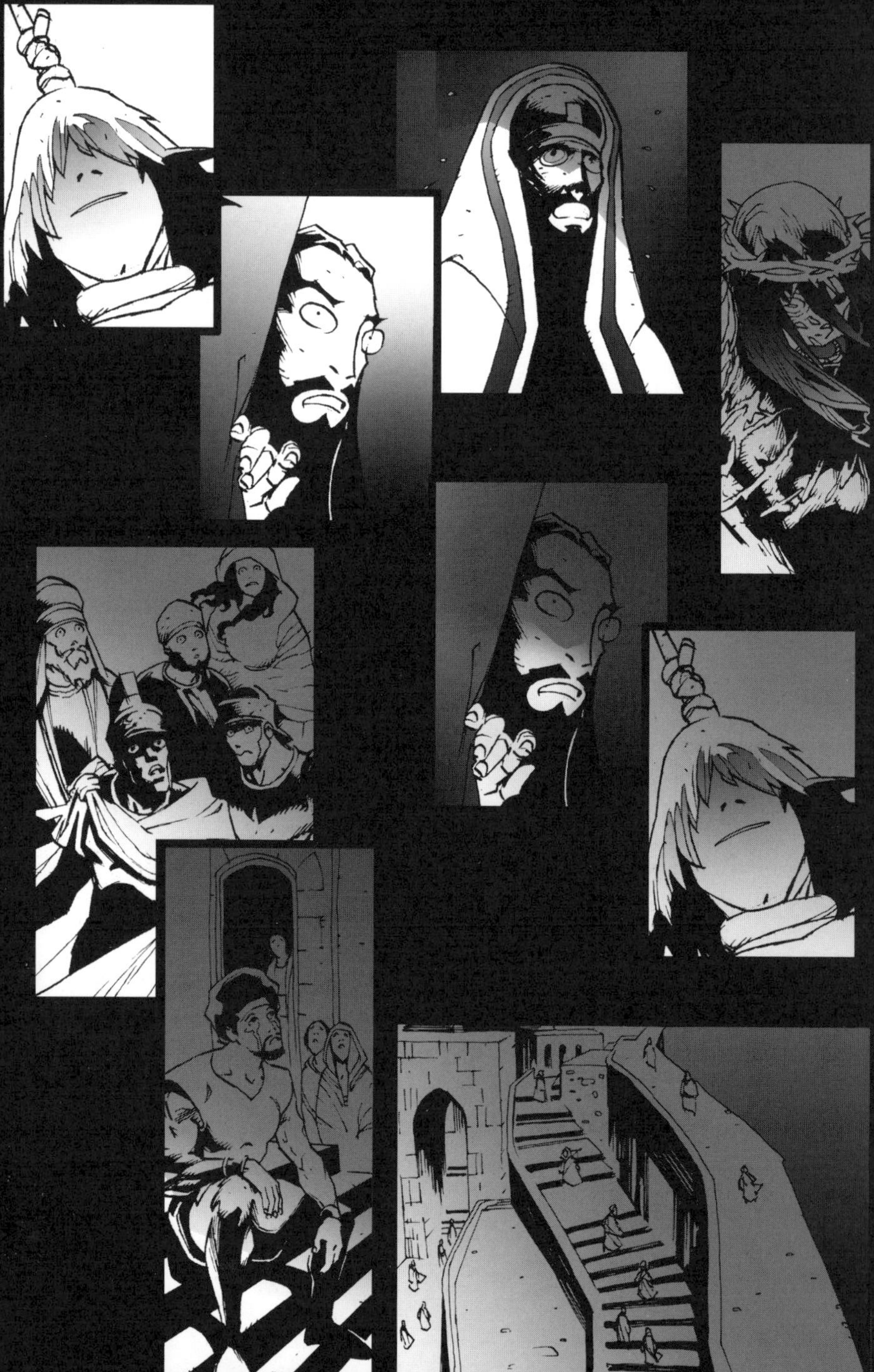

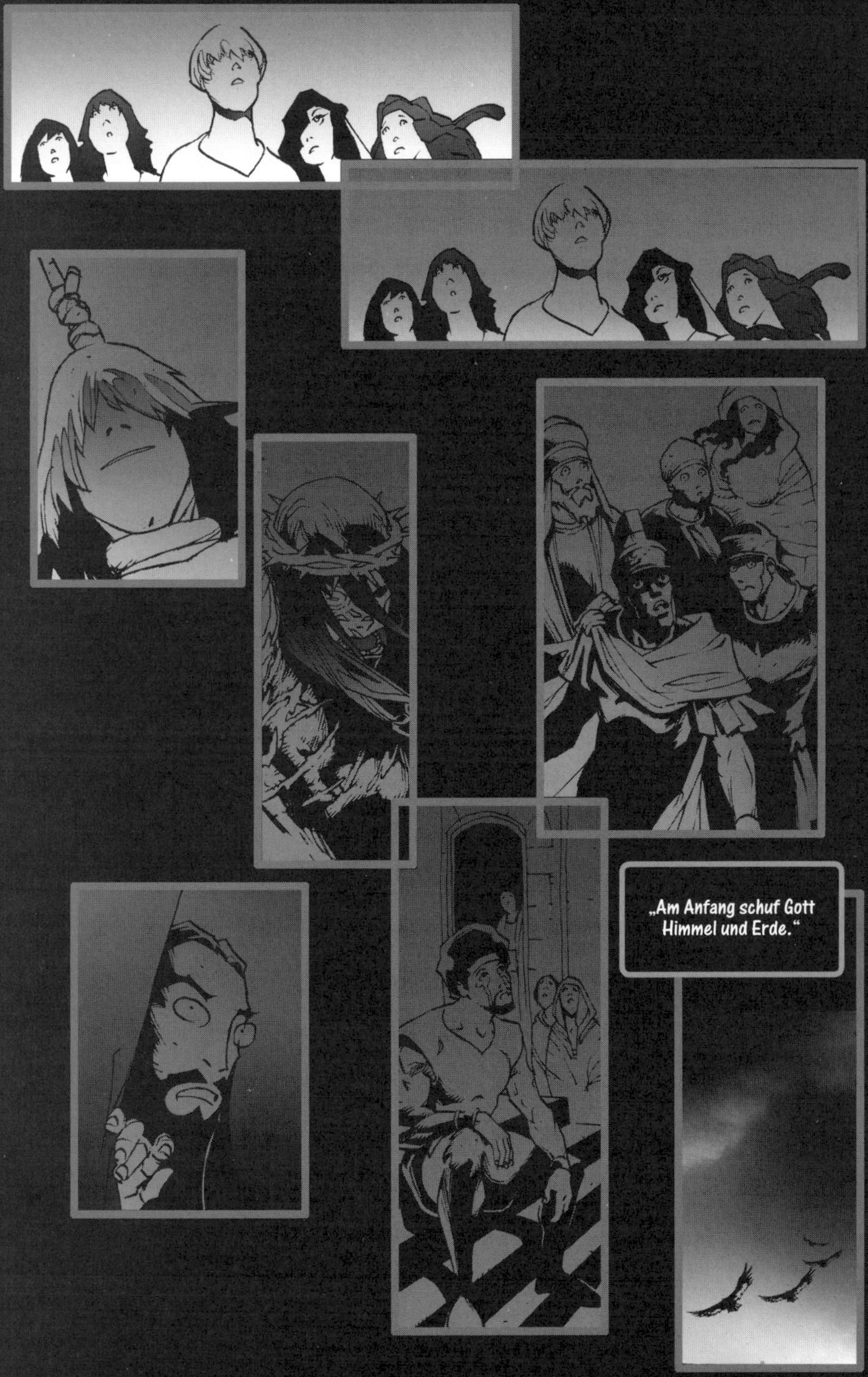
„Am Anfang schuf Gott
Himmel und Erde."

„Die Erde war noch leer und öde,
Dunkel bedeckte sie…“

SOB
SOB
SOB
SNIFF
SOB
SOB
RUMBLE

„... und über den Fluten
schwebte Gottes Geist.“

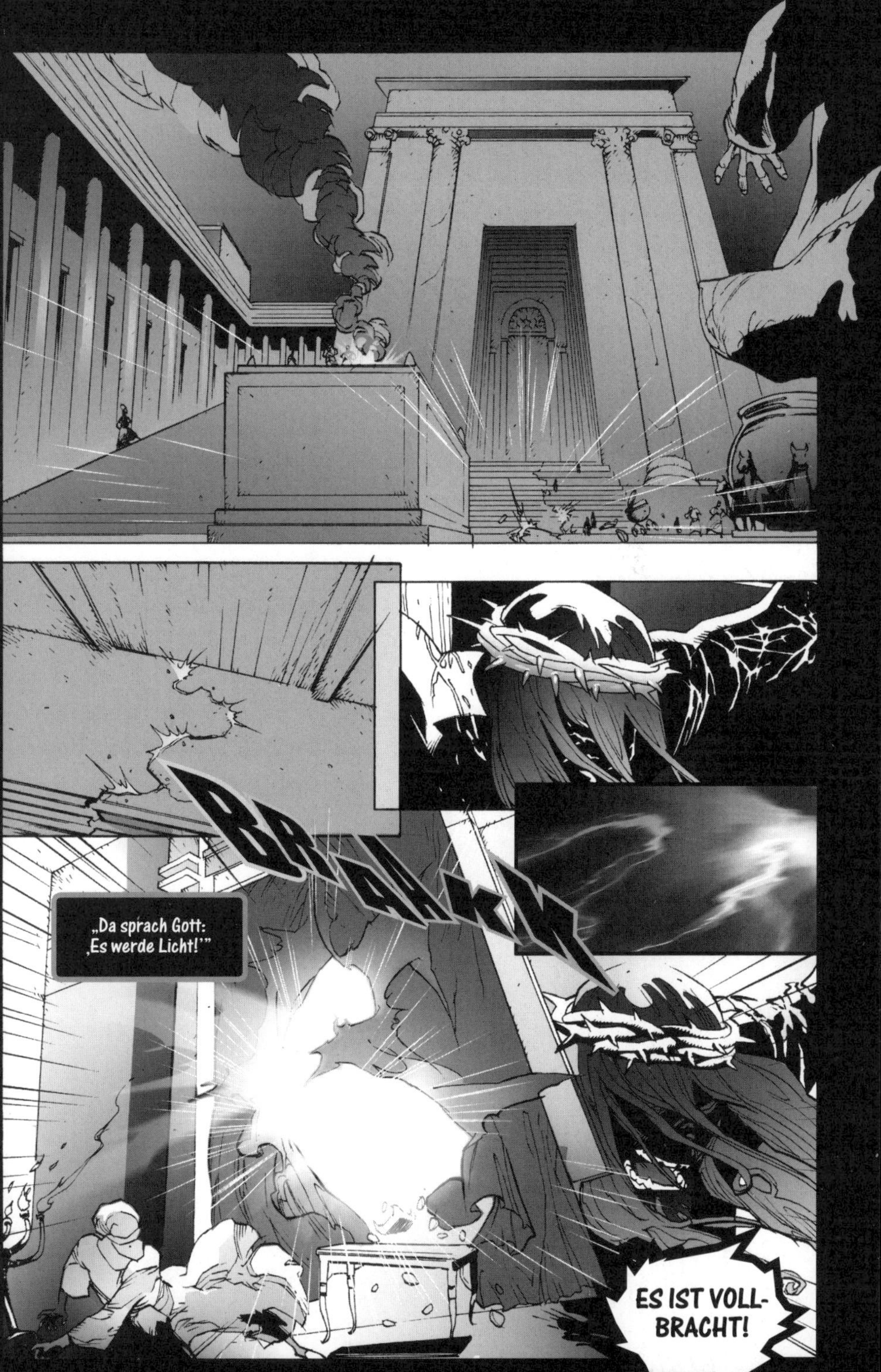
BRAAKK
„Da sprach Gott:
‚Es werde Licht!'"
ES IST VOLL-
BRACHT!

„Und es ward Licht."
ER IST DER EINE, JOSEF!
ER IST DER SOHN GOTTES!

15.01 UHR…
„UPS!“
„OH-ÄH!“
POP!
„ACH HERRJE!“
ER IST TOT, ALLES KLAR!

MEINE HERREN NIKODEMUS UND JOSEF, EUER PASCHAFEST IST IN VOLLEM GANGE, UND DOCH BEFLECKT IHR EUCH, INDEM IHR ZU MIR KOMMT?
WIR HABEN DEN NACHMITTAG BEI DEN TOTEN VERBRACHT.
FRAGEN DER REINHEIT SIND NUN REIN AKADEMISCH, PRÄFEKT PILATUS…
WIE IHR WISST, RÜCKT DER SABBAT SCHNELL NÄHER.
WIR ERBITTEN DEN LEICHNAM VON JESUS, DAMIT WIR DIE ENTSPRECHENDEN BEGRÄBNISVORBEREITUNGEN TREFFEN KÖNNEN.
HMMM… IHR **WISST SEHR WOHL**, DASS DIE GEKREUZIGTEN NICHT BEERDIGT WERDEN KÖNNEN… ABER ES WAR EIN SELTSAMER TAG, ALSO GESTATTE ICH SEIN BEGRÄBNIS NACH DEM TOD.
IHR SEID **ANGESEHENE** MITGLIEDER DES HOHEN RATES… UND ANHÄNGER DIESES SONDERBAREN NORDLÄNDERS…
ÄH, ER IST BEREITS **TOT**, PRÄFEKT PILATUS.
DAS GING RECHT SCHNELL! TACITUS, IST ER **WIRKLICH** TOT?

JA, HERR. ER IST DURCHAUS TOT.
WIR ERSTICKTEN DIE ANDEREN, INDEM WIR IHNEN DIE BEINE BRACHEN, UM IHREN TOD VOR DEM SABBAT ZU BESCHLEUNIGEN.
ALS WIR ZU DEM KÖNIG DER JUDEN KAMEN, WAR ER BEREITS TOT. WIR VERGEWISSERTEN UNS MIT EINEM SPEER.
16.50 UHR...

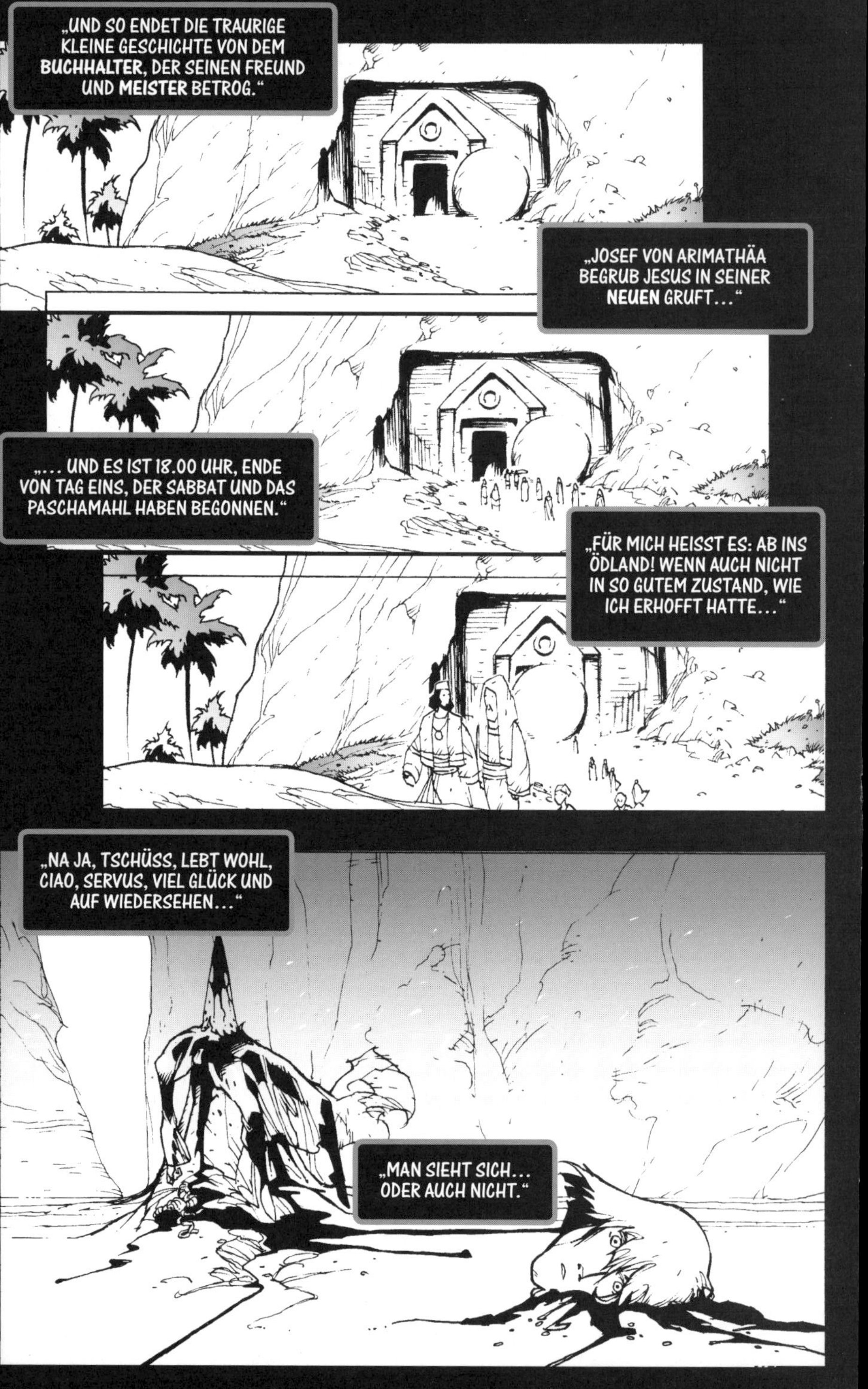
„UND SO ENDET DIE TRAURIGE KLEINE GESCHICHTE VON DEM BUCHHALTER, DER SEINEN FREUND UND MEISTER BETROG."
„JOSEF VON ARIMATHÄA BEGRUB JESUS IN SEINER NEUEN GRUFT..."
„... UND ES IST 18.00 UHR, ENDE VON TAG EINS, DER SABBAT UND DAS PASCHAMAHL HABEN BEGONNEN."
„FÜR MICH HEISST ES: AB INS ÖDLAND! WENN AUCH NICHT IN SO GUTEM ZUSTAND, WIE ICH ERHOFFT HATTE..."
„NA JA, TSCHÜSS, LEBT WOHL, CIAO, SERVUS, VIEL GLÜCK UND AUF WIEDERSEHEN..."
„MAN SIEHT SICH... ODER AUCH NICHT."

Kapitel 12:

N.I.N.S.

- Nicht tot, nur schlafend

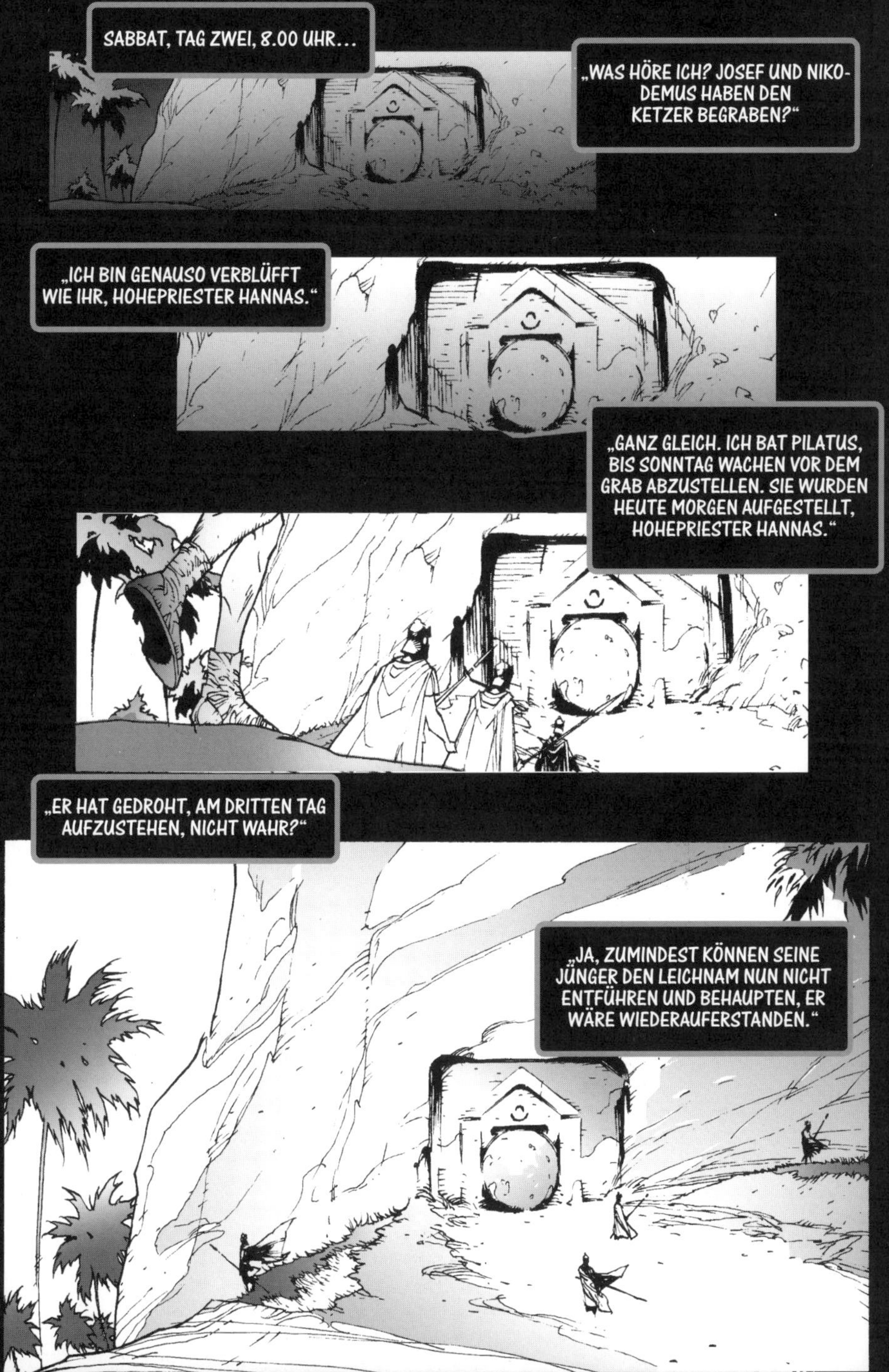
SABBAT, TAG ZWEI, 8.00 UHR…
„WAS HÖRE ICH? JOSEF UND NIKODEMUS HABEN DEN KETZER BEGRABEN?“
„ICH BIN GENAUSO VERBLÜFFT WIE IHR, HOHEPRIESTER HANNAS.“
„GANZ GLEICH. ICH BAT PILATUS, BIS SONNTAG WACHEN VOR DEM GRAB ABZUSTELLEN. SIE WURDEN HEUTE MORGEN AUFGESTELLT, HOHEPRIESTER HANNAS.“
„ER HAT GEDROHT, AM DRITTEN TAG AUFZUSTEHEN, NICHT WAHR?“
„JA, ZUMINDEST KÖNNEN SEINE JÜNGER DEN LEICHNAM NUN NICHT ENTFÜHREN UND BEHAUPTEN, ER WÄRE WIEDERAUFERSTANDEN.“

SOLLTE DAS PASSIEREN, WÄREN WIR IN EINER NOCH SCHLECHTEREN POSITION ALS ZUVOR.
WOHL GETAN, KAJAPHAS.
ES IST FAST VORBEI. ICH DENKE, WIR HABEN DEN DROHENDEN AUFRUHR ENDLICH ERSTICKT.
„SEINE JÜNGER SIND ZERSTREUT."
„WIR HABEN DIESE KLEINE SEKTE ENDGÜLTIG ZERSTÖRT."

SONNTAG, TAG DREI, 5.00 UHR…
HE, JUNGS, WIR KRIEGEN DAMENBESUCH!
ZEIGT, WAS IHR HABT, MÄDELS!
BRAKKK

AAARRRRRRRR!
RUMBLE
*%"!
%*!"
WAS,
ZUM...

RUMBLE RUMBLE RUMBLE
...

HALLO.

„ERSCHRECKT NICHT!“
„IHR SUCHT JESUS VON NAZARET, DEN GEKREUZIGTEN.“
„ER IST NICHT HIER.“

„ER IST AUFER-
STANDEN…“
„… WIE ER ES VER-
SPROCHEN HAT.“
„SEHT, DA IST DIE
STELLE, WO MAN IHN
HINGELEGT HATTE.“

„NUN ABER GEHT!“
„SAGT SEINEN JÜNGERN, ER IST VON DEN TOTEN AUFERSTANDEN!“

„ER GEHT EUCH VORAUS NACH GALILÄA.“
„DORT WERDET IHR IHN SEHEN.“
„AN DIESEM TAG FÜHRT JESUS WEITERE HEILIGE AN, DIE AUCH VON DEN TOTEN AUFERSTANDEN SIND.“
SIE VERLASSEN DIE FRIEDHÖFE...

... GEHEN IN DIE HEILIGE STADT...
... UND ERSCHEINEN DEN AUSERWÄHLTEN.
FRIEDE.
DER HERR LIEGT NICHT IN DEM GRAB.
WAS HEISST: „DER HERR LIEGT NICHT IN DEM GRAB“?
DAS HEISST, ER IST WEG!
WENN ER AUFERSTANDEN WÄRE, WÄRE ER DOCH ZU UNS GEKOMMEN.
DU MEINST, SIE SPINNT?
KOMM, MARIA, LASS UNS ZUM GRAB GEHEN.
HEY, ICH KOMME MIT!

6.25 UHR…
?
ES STIMMT. ER IST FORT.

KOMM, MARIA. HIER GIBT ES NICHTS FÜR UNS ZU TUN.
LASS LOS, KEPHAS!
IHR KÖNNT JA GEHEN. ICH BLEIBE **HIER**.
ICH WILL BEI MEINEM HERRN SEIN.
SOB.
SOB.
SOB.
WO BIST DU, HERR?
WO BIST DU?
MARIA.

„KEINE ANGST. ICH WERDE NICHT IN EINER RAUCHWOLKE VERSCHWINDEN…“
„ICH HABE HIER UND HEUTE NOCH EINIGES ZU TUN.“
„HÖR ZU! GEH UND FINDE MEINE BRÜDER! SIE WERDEN BERUHIGT SEIN, DASS DU MICH GESEHEN HAST.“
„SAG IHNEN, ICH GEHE HINAUF ZU MEINEM GOTT… EUREM GOTT.“
„ICH BIN IMMER BEI EUCH.“
ER FEHLT MIR AUCH, SIMON.
ZZZZZZZ

HABT IHR ETWAS GEFANGEN, FREUNDE?
WIR WAREN DIE GANZE NACHT DRAUSSEN... NICHT EINE SPROTTE!
WERFT DAS NETZ AUF DER RECHTEN SEITE DES BOOTES AUS, UND IHR WERDET ETWAS FANGEN.
!
!
NA LOS, LEUTE! TUT, WAS DER FREMDE SAGT.

WIR HABEN ETWAS, LEUTE!
VOLLTREFFER, JUNGS!
HAU RUCK!
ERKENNST DU IHN, SIMON? ES IST DER HERR!
MEISTER!
ES IST DER MEISTER!

SIZZLE
MESSIAS!
GREIFT ZU, BRÜDER, SOLANGE ES HEISS IST.
MMMMMMM
HA HA HA HA HA HA!
KEPHAS, BEGLEITE MICH.
SIMON, LIEBST DU MICH MEHR ALS DIESE?
JA, HERR, DU WEISST, ICH LIEBE DICH.

WEIDE MEINE LÄMMER.
JA, HERR.
SIMON, SOHN DES JOHANNES, LIEBST DU MICH?
!
HERR, DU WEISST, ICH LIEBE DICH!
DANN WEIDE MEINE SCHAFE.
ICH FRAGE DICH NOCH EINMAL, SIMON, SOHN DES JOHANNES, LIEBST DU MICH?
HERR, DU WEISST, ICH LIEBE DICH!
DANN MUSST DU MEINE SCHAFE WEIDEN...

„... UND MIR FOLGEN..."
„... BIS ZU MEINER RÜCKKEHR."

„ICH WERDE IMMER BEI DIR SEIN."

Epilog
SIEBEN JAHRE SPÄTER…
„DIE SITZUNG IST ERÖFFNET. DEN VORSITZ HAT DER EHRENWERTE VORSITZENDE KAJAPHAS.“
„HOHEPRIESTER, WIR KLAGEN DIESEN MANN, STEPHANUS, WEGEN GOTTESLÄSTERUNG AN.“
ER SPRICHT VON DIESEM JESUS…
… DER MOSES' GEBOTE UND DEN TEMPEL ZERSTÖREN WOLLTE.
WAS SAGST DU?
BRÜDER UND VÄTER, HÖRT MICH AN! UNSER VATER ABRAHAM VERLIESS AUF GEHEISS GOTTES MESOPOTAMIEN UND ZOG INS GELOBTE LAND. ER HAT IHM DARIN KEIN ERBTEIL GEGEBEN, ABER MOSES FÜHRTE UNS AUF GOTTES BEFEHL AUS ÄGYPTEN IN DIESES LAND.
DOCH UNSERE VÄTER WIESEN MOSES AB UND WANDTEN SICH ÄGYPTEN UND SEINEN GÖTZEN ZU. SO GING ES VIELE JAHRHUNDERTE, BIS GOTT UNS IN DIE GEBIETE JENSEITS VON BABYLON VERBANNTE.
ABER IHR HALSSTARRIGEN, DIE IHR EUCH MIT HERZ UND OHR DEM HEILIGEN GEIST WIDERSETZT, IHR HABT JEDEN PROPHETEN GETÖTET, DER SICH GEGEN GÖTZENDIENSTE UND UNGERECHTIGKEIT AUSGESPROCHEN HAT… SO WIE IHR DEN MESSIAS GETÖTET HABT!
TÖTEN
TÖTET IHN! TÖTET IHN!
ICH SEHE DEN HIMMEL OFFEN UND DEN MENSCHENSOHN ZUR RECHTEN GOTTES STEHEN!
TÖTEN TÖTEN TÖTEN
NICHT SCHON WIEDER!
TÖTEN
KILL HIM!
TÖTEN
Ende

Siku

Skizzen

Auf den folgenden Seiten sieht man die Entwicklung von Charakteren, Storyboards und Layouts.

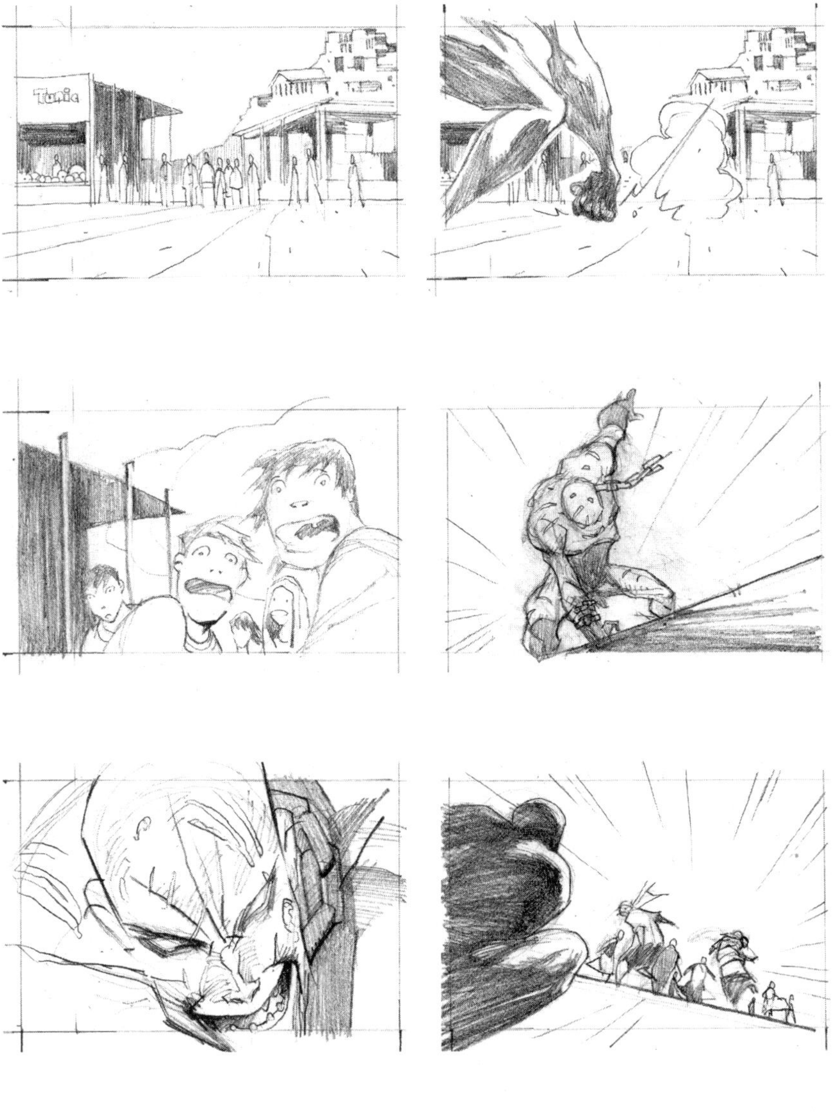

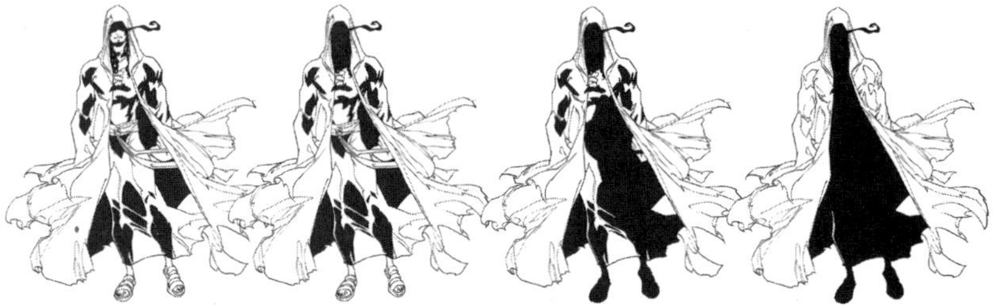

Glossar

Abraham
Der Stammvater Israels. Die Christen sehen in ihm ihren geistigen Vater.

Bar Mitzwa
Eine feierliche Zeremonie, welche die religiöse Mündigkeit für Jungen im Alter von 13 Jahren bezeichnet. Danach übernehmen die Kinder die Verantwortung für ihr eigenes moralisches und seelisches Tun und werden als Erwachsene angesehen. Eine ähnliche Zeremonie für 12-jährige Mädchen wird Bat Mitzwa genannt.

Bataillon
Eine Abteilung der römischen Legion, auch bekannt als Kohorte. Sie besteht aus 470 bis 480 Legionären.

Besessenheit
Wenn der Teufel in einen Menschen fährt und von seinem Körper und seiner Persönlichkeit Besitz ergreift, spricht man von Besessenheit.

Burg Antonia
Von Herodes dem Großen zu Ehren des Mark Antonius erbaute Festung. Sie lag an der nordwestlichen Ecke des Tempels und wurde später zu einem Prätorium. Im Neuen Testament der Ort, an dem Jesus von Pilatus verurteilt wurde.

Cäsarea
Von Herodes dem Großen zu Ehren des römischen Kaisers Augustus errichtete, heidnische Stadt an der Nordwestküste. Residenz von Pilatus und Heimat des größten Tiefseehafens der Antike.

Chanuth, der
Der Marktplatz auf dem Ölberg, vom Tempel aus gegenüber dem Kidrontal.

Christus
Das Wort „Christus" stammt aus dem Griechischen und bedeutet „Der Gesalbte". Im Hebräischen heißt es „Der Messias". Im Alten Testament bedeutete dieser Titel nichts weiter als „dazu bestimmt, eine bestimmte Aufgabe zu erfüllen".

Contubernium, das
Das lateinische Wort für „Zeltgemeinschaft". Acht Mann bildeten eine Zeltgemeinschaft. Dies war die kleinste organisatorische Einheit in der antiken römischen Armee.

David, König
Der Heerführer, Prophet, Musiker und Dichter war der zweite König des vereinigten Königreichs Israel. Er wurde bereits als Jugendlicher durch seinen Sieg über Goliath, den riesigen Vorkämpfer der Philister, berühmt.

Elija
Lebte im zweiten Viertel des neunten Jahrhunderts vor Christus und wird als einer der größten Propheten angesehen. Die Juden erwarten seine Rückkehr als Wegbereiter für die Ankunft des Messias.

Ethnarch
Der Herrscher einer Volksgruppe, eingesetzt von der römischen Führung. Obwohl über dem Tetrarchen stehend, ist der Ethnarch einem König nicht gleichgestellt. Der bekannteste Ethnarch war Herodes Archelaos, der über Samarien, Judäa und Idumäa herrschte und nach der Krone des Königs strebte.

Freiheitskämpfer
Aufständische, die ländliche Gegenden und Handelswege überfielen. Sie sahen sich als Kämpfer gegen die römische Tyrannei und unterstützen häufig die Armen und Ausgestoßenen der Gesellschaft.

Galiläa
Die größte und nördlichste der drei Provinzen [mit Judäa und Samarien], die zur Zeit der römischen Besatzung Israel bildeten. Es war auch die politisch zerrissenste.

Hannas
Auch bekannt als „Ananus, Sohn des Seth". Hohepriester zwischen 6 v. Chr. bis 15 n. Chr. Er behielt seinen Einfluss und wurde als „die graue Eminenz" angesehen. Mehrere Mitglieder seiner Familie folgten ihm als Hohepriester nach, einschließlich Kajaphas, der seine Tochter heiratete.

Heide
Jeder Mensch, der kein Jude oder nicht jüdischen Glaubens ist.

Herodes
Der Name verschiedener Angehöriger der herodianischen Dynastie im antiken Palästina kurz vor und nach Jesus. Nachkommen von Herodes dem Großen und seinem Vater Antipatros.

Herodes der Große
Auch bekannt als Herodes der Erbauer, geboren 73 v. Chr., gestorben 4 n. Chr. Brutaler und wahnsinniger Vasallenkönig von Judäa und Vater von Archelaos, Antipas und Philippos. Er war berühmt für seine vielen großen Bauwerke wie den zweiten Tempel in Jerusalem. Berüchtigt für den Betlehemitischen Kindermord und seine Jagd auf Jesus.

Hosianna
Bedeutet „hilf doch" auf Hebräisch.

Jakob
Der Enkel von Abraham, Sohn von Isaak und Bruder von Esau. Seine Söhne waren die Vorväter der zwölf Stämme Israels. Sie hießen Ruben, Simeon, Levi, Juda, Dan Naftali, Gad, Ascher, Issacher, Sebulon, Josef und Benjamin.

Jeremia
Einer der größten Propheten Israels. Um seine prophetischen Warnungen an Israel zu veranschaulichen, bediente er sich des Theaters, der Kunst und verschiedener Requisiten.

Jerusalem
Die Heilige Stadt Israels und das Zentrum des jüdischen Glaubens. Hier befindet sich der Tempel Gottes.

Jom Kippur
Der jüdische Versöhungstag ist der wichtigste jährliche Feiertag im Judentum und wird mit einem 24-stündigen Fasten und Beten begangen. Nach dem hebräischen Kalender findet er am zehnten Tag des siebten Monats statt.

Juden
Die Nachkommen Abrahams.

Kajaphas
Hohepriester und Vorsitzender der Sanhedrin von 18 n. Chr. bis 37 n. Chr.

Leviten
Ein religiöser Stamm, Nachkommen von Levi, einem Sohn Jakobs. Als Priester brachten sie Opfergaben, verkündeten den Segen, sorgten für Musik im Tempel, bewachten die Tempelanlagen, bliesen die Trompeten, mit denen Festlichkeiten angekündigt wurden, und beaufsichtigten die Instandhaltung des Tempels. Sie unterscheiden sich von den Nachkommen Aarons.

Makkabäer
Eine Grabinschrift, die „Der Hammer" bedeutet, und der Name jüdischer Freiheitskämpfer. Angeregt von dem Hohepriester Mattathias, führten seine Söhne, Judas Makkabäus und dessen Brüder, einen erfolgreichen Aufstand gegen das seleukidische Reich.

Manna
Eine dem Brot ähnliche Speise, von Gott für die Israeliten während ihres Auszugs aus Ägypten bereitgestellt. Es schmeckte wie Waffeln aus Honig und Öl.

Moses
Prophet, Priester, Befreier, Oberbefehlshaber, politischer Führer, Dichter, Autor, Gesetzgeber, Lehrer, Wundertäter, Verwalter, Ethiker. Der Vater der jüdischen Gesetze gilt als Verfasser der ersten fünf Bücher der Bibel. Er befreite die Hebräer aus ägyptischer Gefangenschaft.

Palast der Hasmonäer
Ursprünglich errichtet von den hasmonäischen [makkabäischen] Königen, wurde er später von Herodes dem Großen instand gesetzt. Vermutlich wurde er während des Frühlings, in der Zeit des Paschafests, bewohnt. Von dem westlichen Hügel aus hatte man einen herrlichen Blick auf die Tempelfeierlichkeiten [auf der Westseite]. Einige Gelehrte glauben, Jesus wurde hier von Herodes Antipas verhört.

Paschafest
Fest des Judentums, das an den Auszug aus Ägypten und die Befreiung der Israeliten von der Sklaverei erinnert. Es wird im Frühling gefeiert.

Pharisäer
Eine religiöse Gruppe im antiken Judentum, die dauernde Reinheit predigte, weil sie glaubte, diese würde das Überleben des Volkes Israels garantieren. Sie befolgten sowohl die mündlich als auch die schriftlich überlieferten Gesetze [Thora].

Prophet
Ein beseelter Lehrer, der zuweilen die Zukunft vorhersagen kann. Manchmal auch als Seher bezeichnet.

Rabbiner
Wörtlich übersetzt „mein Herr". Ein Lehrer und Meister der jüdischen Religion. Nur die besten Schüler erwerben durch ihre Studien den Titel Rabbiner.

Sabbat
Der siebte Tag der Woche ist der Ruhe, dem Gebet, dem Feiern und der Einkehr gewidmet. Zu Ehren dieses Tages kleidet man sich festlich und isst besondere Speisen. Der Sabbat, abgeleitet von dem hebräischen Wort „schabbat", was so viel heißt wie „sich ausruhen", beginnt am Freitag bei Sonnenuntergang und endet am Samstag, wenn drei Sterne am Himmel stehen. Moses soll befohlen haben, dass die Tora an jedem Sabbat öffentlich gelesen wird.

Sadduzäer
Religiöse Gruppe von adligen Juden, welche die mündliche Überlieferung der Tora ablehnte und nur an die schriftlichen Gesetze von Moses im Alten Testament glaubte. Dies führte zu einem ultra-orthodoxen Judentum mit einem strengeren Lebensstil.

Samariter
Sie bewohnten die Hügelregion Samaria. Nach der Mischna waren sie eine Sekte irgendwo zwischen Juden und Nichtjuden. Sie befolgten die Gesetze von Moses, lehnten aber alle anderen jüdischen Traditionen ab. Außerdem lehnten sie das Gebet im Tempel ab und errichteten ein eigenes Heiligtum auf dem Berg Garizim. Ihre Behauptung, die samaritanischen Gesetze wären die wahre Religion des alten Israel, führte zur Glaubensspaltung.

Sanhedrin
Der jüdische Hohe Rat bestand aus 71 Mitgliedern, sowohl Pharisäern als auch Sadduzäern. Ein Hohepriester stand dem Rat vor.

Schädelhöhe, die
Der Ort, an dem Jesus gekreuzigt wurde. Besser bekannt unter dem Namen Golgota, abgeleitet von dem aramäischen „gulgulta". Ein Friedhof in einem stillgelegten Steinbruch vor dem Richtertor an der Nordwestseite von Jerusalems Mauer. Der Name rührt vermutlich daher, weil der kleine Hügel wie ein menschlicher Schädel geformt war.

Stephanus
Gilt als erster christlicher Märtyrer der messianischen, jüdischen Gemeinde, der dem auferstandenen Jesus gefolgt ist. Er wurde von den Mitgliedern des Synedriums gesteinigt. Sein Tod führte zur Spaltung von Christentum und Judentum.

Synagoge
Ein jüdisches Versammlungs- und Gotteshaus zum Studium der Schrift und der Unterweisung im Israel des ersten Jahrhunderts nach Christus.

Synagogensprecher [Amora]
Die hebräischen Schriftrollen waren in Hebräisch geschrieben und bedurften der Auslegung durch einen Amora, der darlegte, was der Leser vorlas [Aramäisch war die Amtssprache im Palästina des ersten Jahrhunderts]. Manchmal kommentierte der Amora schwierige Passagen.

Taufe
Ein Ritual zur Reinigung, wie es vom hebräischen Gesetz vorgeschrieben und für bestimmte Rituale und Umwidmungen verlangt wird. Johannes vollzog eine fundamentale Form der Taufe, die mit einem Sündenbekenntnis und der Ankündigung des Messias verbunden war.

Tempel, der
Der Tempel war für die Hebräer das einzig legitime Gotteshaus. Nur hier befanden sie sich im Angesicht Gottes auf Erden. Der salomonische Tempel war 587 v. Chr. von den Babyloniern zerstört und während der Herrschaft von Kyros [538 v. Chr.] wieder aufgebaut worden. Unter Herodes dem Großen begann die Umgestaltung des Tempels, der 19 v. Chr. wieder in altem Glanz erstrahlte.

Tetrarch
Im ersten Jahrhundert Jahrhundert vor Christus regierten vier Tetrarchen jeweils eine Volksgruppe oder Provinz innerhalb des römischen Imperiums. Alle Tetrarchen unterstanden einem Ethnarchen.

Tiberius, Kaiser
Auch bekannt als Tiberius Caesar Augustus oder Tiberius I. Er regierte nach erfolgreicher Militärlaufbahn von 14 n. Chr. bis 37 n. Chr. als tyrannischer römischer Kaiser.

Tora, die
Das geschriebene Gesetz, auch bekannt als mosaisches Gesetz. Die hebräische Bibel besteht aus den fünf Büchern der Tora. Sie unterscheidet sich von den mündlichen Gesetzen der sogenannten Mischna.

Yeshua
Der eigentliche aramäische Name von Jesus. Ein häufiger Name während der Zeit des zweiten Tempels, der übersetzt „Erlösung" bedeutet.

Zeloten
Im ersten Jahrhundert nach Christus waren die Zeloten eine politische Bewegung der Juden, die versuchte, die Bewohner in der Provinz Judäa zum Widerstand gegen die römischen Besatzer aufzustacheln und diese mit Waffengewalt aus dem Land zu jagen.